Guido Sonnenberg / Ulrich Dorn
Adobe Photoshop CS5

Guido Sonnenberg / Ulrich Dorn

Adobe
Photoshop CS5

Fotos optimieren · Bildfehler korrigieren

Mit 484 Abbildungen

Bibliografische Information der Deutschen Bibliothek

Die Deutsche Bibliothek verzeichnet diese Publikation in der Deutschen Nationalbibliografie; detaillierte Daten sind im Internet über http://dnb.ddb.de abrufbar.

© 2011 Franzis Verlag GmbH, 85586 Poing

Herausgeber: Ulrich Dorn
Satz: www.buch-macher.de
art & design: www.ideehoch2.de
Druck: Himmer AG, Augsburg
Printed in Germany

ISBN 978-3-645-60102-3

Vorwort

Adobe Photoshop CS5, der vorläufige Höhepunkt einer beispiellosen Erfolgsgeschichte, ist die ultimative Kreativsoftware für Fotografen und Cross-Media-Designer. Viele neue und starke Funktionen sind hinzugekommen, für die allein sich schon der Umstieg von älteren Versionen lohnt.

Mit den neuen Auswahlfunktionen erzeugen Sie Freisteller, wie sie präziser nicht sein können. Gegenstände und Objekte, die in einer Aufnahme störend wirken, lassen Sie via inhaltssensitivem Füllen einfach per Knopfdruck im Nichts verschwinden. Mit dem neuen Mischpinsel mischen Sie Farben wie auf echter Leinwand.

Ein weiteres Highlight auf der Center-Stage sind neuen Funktionen zur HDR-Konvertierung – Sie werden sie lieben. Es klingt zwar wie billige Schleichwerbung, aber Photoshop CS5 ist wirklich ein fulminantes Ereignis neuer und starker Funktionen, die jedem Bildbearbeiter das Wasser im Mund zusammenlaufen lassen.

Viele Beispiele aus den unterschiedlichsten Anwendungsbereichen demonstrieren, wie Photoshop CS5 in der täglichen Praxis tickt. Dabei steht nicht die Funktion im Vordergrund, sondern immer das Ziel der Bildbearbeitung – egal ob Retusche, Montage oder Kunst. Zugegeben, die Arbeit mit Photoshop CS5 ist kein Selbstläufer, aber sie macht jede Menge Spaß!

Viel Erfolg wünschen Ihnen
Guido Sonnenberg und Ulrich Dorn, November 2010

Inhaltsverzeichnis

Raw-Daten entwickeln 172

1 Willkommen in Photoshop CS5

Mit dem neuen Photoshop hat Adobe die Messlatte wieder einmal um einiges höher gelegt, sodass es für Mitkonkurrenten schwer wird, auf Augenhöhe mit CS5 bleiben zu können. Die Photoshop-Entwickler haben an vielen Schrauben gedreht, herausragend aber sind die neuen Retuschefunktionen, die ein noch einfacheres Bearbeiten der Bildvorlagen ermöglichen. Neue HDR-Funktionen, automatische Objektivkorrekturen und ein verbesserter RAW-Konverter machen die Bearbeitung und die Entwicklung digitaler Fotos noch komfortabler.

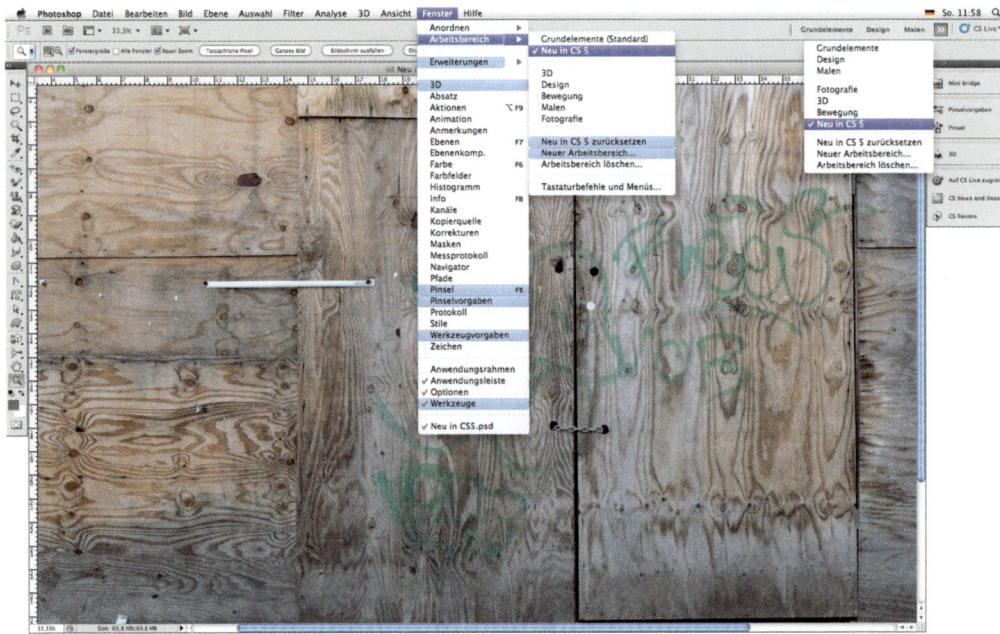

Hervorhebung der neuen Funktionen in Photoshop CS5 einschalten.

Neue Funktionen auf einen Blick

Einen ersten Überblick über die neuen Funktionen erhalten Sie, wenn Sie nach dem ersten Start von Photoshop im Menü *Fenster/Arbeitsbereich* den Eintrag *Neu in CS 5* auswählen. Damit werden alle wesentlichen neuen Funktionen in den Menüs mit einem hellblauen Hintergrund markiert. Rechts oben im Arbeitsfenster bietet Photoshop eine Auswahl funktionsorientierter Arbeitsbereiche an. Auch hier können Sie zum Kennenlernen den Arbeitsbereich *Neu in CS 5* einstellen.

Hier eine konzentrierte Zusammenfassung der neuen Funktionen:

- **Mini Bridge**: Ein in die Photoshop-Benutzeroberfläche integrierter Bilddateibrowser, der das Suchen, Öffnen und Ablegen von Bildern erleichtert.

- **Kante verbessern**: Funktion, mit der jetzt auch weniger geübte Anwender perfekte Freisteller erzeugen können.

- **Mischpinsel**: Echter Malpinsel, basierend auf der neuen Painting-Engine, mit dem traditionelle Maltechniken nachgeahmt werden können. Der *Mischpinsel* kann eine oder mehrere Farben aufnehmen und damit auf trockenem, feuchtem oder nassem Untergrund malen.

- **HUD Color Picker**: Farben können intuitiv während des Malens gewählt werden. Insbesondere bei der Arbeit mit einem drucksensitiven Stifttablett entfaltet der Color Picker sein ganzes Können. Zeitraubende Umwege über die Werkzeugpalette entfallen.

- **Inhaltssensitives Füllen**: Bietet sich immer dann an, wenn bestimmte Objekte, unschöne Artefakte oder auch Videoframes schnell und makellos aus einem Bild entfernt werden müssen.

- **Formgitter**: Von Adobe After Effects adaptiertes Transformationswerkzeug. Mit einem über ein Objekt gelegten Formgitter, ähnlich einem Netz, kann das Objekt verformt oder dessen Bewegungsablauf geändert werden.

- **HDR Pro**: Verbesserte HDR-Funktion, mit der jetzt sowohl echte HDR-Bilder aus Belichtungsreihen als auch Einzelbilder mit HDR-Effekten erzeugt werden können.

- **Objektivkorrektur**: Verringert oder neutralisiert durch Objektivfehler entstandene Farbsäume, chromatische Aberrationen sowie tonnen- und kissenförmige Verzerrungen.

- **Camera Raw**: Erhielt einige Detailverbesserungen wie den verbesserten *Schärfen*-Algorithmus und die *Rauschreduzierung*. Camera Raw ist kompatibel zu mehr als 200 Kameramodellen.

- **Repoussé**: 3-D-Modeller, mit dem verhältnismäßig einfach aus zweidimensionalen Formen dreidimensionale Objekte erzeugt werden können.

- **CS-Review**: Photoshop-Projekte werden für Kollegen und Kunden freigegeben, die über einen Webbrowser Feedback zum Projekt geben können. Voraussetzung dafür, einen Review zu erstellen, ist eine Anmeldung beim CS Review-Service.

- **Arbeitsbereiche**: Dem individuellen Workflow angepasste Arbeitsbereiche.

Für alle, die noch unschlüssig sind, ob sich die finanziell nicht unbeträchtliche Investition in eine neue Photoshop-Version lohnt, bietet Adobe eine auf 16 Tage begrenzte Adobe Photoshop CS5-Testversion an, die Sie von der Adobe-Website herunterladen können. Genug Zeit, die richtige Entscheidung zu treffen. Vor dem Download müssen Sie sich auf der Adobe-Website als Mitglied der Adobe-Community registrieren; die Registrierung ist kostenlos.

> **!**
>
> ### TASTENBEZEICHNUNGEN ◄
>
> Alle in diesem Buch aufgeführten Tastenbezeichnungen gelten für Mac und Windows, bis auf eine Ausnahme: Windows-Anwender drücken anstatt [Befehlstaste] die [Strg]-Taste.

⊡ L E S E Z E I C H E N

http://www.adobe.com/de/

Photoshop CS5-Testversion: Gehen Sie auf der Adobe-Website in den Bereich *ADOBE PHOTOSHOP CS5* und klicken Sie dort auf den Button *TESTEN*. Der Download der Testversion dauert je nach DSL-Verbindung rund eine Stunde.

Die Photoshop CS5-Werkzeugkiste

Welches Werkzeug für welche Anwendung? Wie gehe ich damit um? Was für Möglichkeiten bieten die Bedienfelder? Klicken Sie sich parallel zu diesen Informationen durch die Werkzeuge und Bedienfelder des Programms. Sie werden die Funktionen und Möglichkeiten schnell verstehen, und einer optimalen Anwendung steht nichts mehr im Wege. Das Photoshop-Werkzeug-Bedienfeld enthält neben den direkt sichtbaren noch einige weitere Werkzeuge, die erst durch Anklicken des kleinen schwarzen Dreiecks aufgerufen werden können.

Werkzeugeinstellungen

Sobald Sie in der Werkzeugleiste ein Werkzeug aufrufen, startet ebenfalls die mit dem Werkzeug verknüpfte Optionsleiste, über die Sie auf entsprechende Werkzeugvorgaben und Attribute zugreifen können. Wählen Sie z. B. eines der Retuschewerkzeuge, meldet sich eine entsprechende Optionsleiste zum aktivierten Werkzeug mit weiteren Einstellungsmöglichkeiten.

Möchten Sie zum Beispiel in einem Bild bestimmte Bildbereiche klonen, wählen Sie das *Kopierstempel-Werkzeug*. Gleichzeitig erscheint parallel zum Werkzeug die passende Optionsleiste, in der Sie weitere werkzeugspezifische Einstellungen vornehmen können.

Auswahlwerkzeuge

Verschieben-Werkzeug [V]

Das ist eines der am meisten beanspruchten Werkzeuge, mit dem Sie aktivierte Ebenen oder Inhalte einer Auswahl im Dokumentfenster verschieben.

Auswahlrechteckwerkzeug, Auswahlellipsewerkzeug, Auswahlwerkzeug: Einzelne Zeile, Auswahlwerkzeug: Einzelne Spalte [M]

Mit diesen Werkzeugen erstellen Sie Auswahlbereiche in unterschiedlichen Formen und Größen. Wenn Sie beim *Auswahlrechteckwerkzeug* die [Umschalt]-Taste gedrückt halten, erzeugen Sie anstelle einer rechteckigen eine quadratische Auswahl und beim *Auswahlellipsewerkzeug* mittels [Umschalt]-Taste einen Kreis statt einer Ellipse. Ebenso können Sie bei beiden Werkzeugen in der Optionsleiste ein festes Seitenverhältnis oder eine feste Größe angeben sowie Kanten weichzeichnen. Die Auswahlwerkzeuge *Einzelne Zeile* und *Einzelne Spalte* erzeugen lediglich eine ein Pixel hohe bzw. breite Auswahllinie.

Lasso-Werkzeug, Polygon-Lasso-Werkzeug, Magnetisches-Lasso-Werkzeug [L]

Mit dem *Lasso-Werkzeug* „zeichnen" Sie freihändig bei gedrückter Maustaste eine Auswahl. Lassen Sie die Taste los, bevor Sie den Anfangspunkt erreicht haben, wird die Auswahl geradlinig geschlossen.

Das *Polygon-Lasso* erzeugt vieleckige Auswahlen, indem Sie per Klick Eckpunkte definieren. Die Auswahl schließt sich automatisch, wenn Sie erneut den Ausgangspunkt erreicht haben, ansonsten schließt ein Doppelklick mit der Maustaste die Auswahl auf dem kürzesten Weg.

Das Werkzeug *Magnetisches Lasso* wird wie das *Lasso* freihändig geführt, orientiert sich beim Erstellen der Auswahl jedoch an kontrastreichen Bildstellen und wirkt in diesen Bereichen leicht magnetisch. Das kann Ihnen das Erstellen von Auswahlen erleichtern.

Schnellauswahlwerkzeug, Zauberstab-Werkzeug [W]

Das *Schnellauswahlwerkzeug* selektiert beim Bewegen der Maus Bildstellen und orientiert sich an Kanten im Bild. Die Werkzeugspitze kann in der Optionsleiste konfiguriert werden.

Der *Zauberstab* erstellt per Klick eine Auswahl von farblich ähnlichen Bildbereichen. Über den *Toleranz*-Regler (Werte von 0 bis 255 sind möglich) in der Optionsleiste kann definiert werden, wie stark die farbliche Abweichung des Pixels sein darf, um dennoch bei der Erstellung der Auswahl mit berücksichtigt zu werden.

Retuschewerkzeuge

Bereichsreparatur-Pinsel-Werkzeug, Reparatur-Pinsel-Werkzeug, Ausbessern-Werkzeug, Rote-Augen-Werkzeug [J]

Mit den hier gruppierten Werkzeugen nehmen Sie unterschiedlichste Bildretuschen vor. Das *Bereichsreparatur-Werkzeug* eignet sich für kleine Ausbesserungen im Bild wie beispielsweise Staubkörner. Das Werkzeug bessert den gewählten Bereich automatisch aus, indem Farbwerte der umliegenden Pixel verwendet werden.

Der *Bereichsreparatur-Pinsel* malt mit Farbwerten, die Sie zuvor per gedrückter [Alt]-Taste an einer anderen Bildstelle aufgenommen haben. Beim Auftragen werden Strukturen und Beleuchtungen der zu korrigierenden Bildstelle automatisch vom Programm berücksichtigt.

Mit dem *Ausbessern-Werkzeug* erstellen Sie eine Auswahl um den zu korrigierenden Bildbereich. Klicken Sie anschließend in den selektierten Bereich und ziehen Sie bei gedrückter linker Maustaste die Auswahl auf einen Referenzbereich. Beim Loslassen der Maustaste wird nun der gewählte Bereich eingefügt und von Photoshop automatisch angepasst.

Das *Rote-Augen-Werkzeug* unterstützt Sie beim Entfernen unschöner roter Augen in Fotos.

Kopierstempel-Werkzeug, Musterstempel-Werkzeug [S]

Die Stempelwerkzeuge klonen einen Bildbereich inklusive aller vorhandenen Strukturen und Tonwerte. Wählen Sie beim *Kopierstempel-Werkzeug* mittels [Alt]-Taste eine Kopierquelle aus. Anschließend malen Sie ähnlich wie mit dem *Pinsel-Werkzeug* über den zu korrigierenden Bereich.

Das *Musterstempel-Werkzeug* funktioniert ähnlich, jedoch mit dem Unterschied, dass Sie zuvor in der Optionsleiste ein Muster als Kopierquelle auswählen müssen.

Radiergummi-Werkzeug, Hintergrund-Radiergummi-Werkzeug, Magischer-Radiergummi-Werkzeug [E]

Das *Radiergummi-Werkzeug* arbeitet mit den gleichen Pinselspitzen wie das *Pinsel-Werkzeug*. Hierbei wird jedoch die Vordergrundfarbe entfernt.

Mit dem *Hintergrund-Radiergummi-Werkzeug* kann die Vordergrundfarbe geschützt werden, und es wird nur die Hintergrundfarbe entfernt. Dabei kommt ein transparenter Bereich zum Vorschein.

Nutzen Sie das *Magischer-Radiergummi-Werkzeug*, um sich von Photoshop bei der Orientierung an kontrastreichen Bildkanten helfen zu lassen.

Weichzeichner-Werkzeug, Scharfzeichner-Werkzeug, Wischfinger-Werkzeug

Mit dem *Weichzeichner-Werkzeug* malen Sie über Bildbereiche, um sie unscharf erscheinen zu lassen. Genau so funktioniert das *Scharfzeichner-Werkzeug*, nur dass hier die Bildbereiche schärfer dargestellt werden. Bei beiden Werkzeugen können Sie Einstellungen wie Werkzeugspitze, Modus und Stärke in der Optionsleiste anpassen.

Das *Wischfinger-Werkzeug* verwischt Übergänge zwischen Bildbereichen ähnlich dem analogen Vorgang mit nasser Farbe.

Abwedler-Werkzeug, Nachbelichter-Werkzeug, Schwamm-Werkzeug [O]

Mit dem *Nachbelichter-* und dem *Abwedler-Werkzeug* hellen bzw. dunkeln Sie Bildbereiche nach. Bereits erstmalig in Photoshop CS4 werden hierbei Farbinformationen nicht zerstört. In der Optionsleiste stellen Sie die Stärke des Werkzeugs, den Bereich sowie die Größe der Werkzeugspitze ein.

Mit dem *Schwamm-Werkzeug* erhöhen oder verringern Sie die Sättigung der zu korrigierenden Bildbereiche. Auch hier definieren Sie den Modus der Werkzeugspitze über die Optionsleiste.

Malwerkzeuge

Pinsel-Werkzeug, Buntstift-Werkzeug, Farbe-ersetzen-Werkzeug, Mischpinsel [B]

Mit dem *Pinsel-* und dem *Buntstift-Werkzeug* malen Sie freihändig auf der ausgewählten Ebene. Über die Optionsleiste sind Einstellungen wie Durchmesser, Art und Härte der Pinselspitze vorzunehmen. Ebenso kann die Deckkraft eingestellt werden.

Das *Farbe-ersetzen-Werkzeug* übermalt Bildbereiche mit einer zuvor ausgewählten Vordergrundfarbe. Hierbei werden die Tonwerte der zu korrigierenden Bildstelle automatisch berücksichtigt.

Der neue *Mischpinsel* arbeitet wie ein echter Malpinsel. Der *Mischpinsel* kann eine oder mehrere Farben aufnehmen und damit auf trockenem, feuchtem oder nassem Untergrund malen. Dabei vermischen sich die Farben wie auf einer Leinwand.

Protokollpinsel-Werkzeug, Kunstprotokoll-Pinsel [Y]

Die *Protokollpinsel-Werkzeuge* arbeiten mit dem aktuellen Protokoll des *Protokoll-*Bedienfelds und machen Pinselaktionen rückgängig. Das *Kunstprotokoll-Pinsel-Werkzeug* erlaubt Ihnen zusätzlich die Auswahl einer Pinselstruktur in der Optionsleiste.

Verlaufswerkzeug, Füllwerkzeug [G]

Mit dem *Verlaufswerkzeug* erstellen Sie einen Farbverlauf unter Berücksichtigung der in der Optionsleiste vorgenommenen Einstellungen. Hierbei können Sie wählen, zwischen welchen Farben und in welcher Form der Verlauf generiert werden soll.

Das *Füllwerkzeug* füllt einen ausgewählten Bildbereich mit der Vordergrundfarbe oder einem in der Optionsleiste ausgewählten Muster.

Freistellungswerkzeuge

Freistellungswerkzeug, Slice-Werkzeug, Slice-Auswahlwerkzeug [C]

Mit dem *Freistellungswerkzeug* können Sie die Arbeitsfläche beschneiden. Ziehen Sie einen Rahmen in der gewünschten Größe auf und bestätigen Sie Ihre Eingabe mit [Enter] oder einem Doppelklick. Mit der [Esc]-Taste brechen Sie den Vorgang ab. Wenn Sie den Rahmen über die Arbeitsfläche hinaus aufziehen und die Eingabe bestätigen, wird der Bereich Ihrer Arbeitsfläche hinzugefügt. In der Optionsleiste haben Sie die Möglichkeit, feste Pixelwerte für das Werkzeug anzugeben.

Das *Slice-Werkzeug* ist insbesondere für Webdesigner ein sehr wichtiges Instrument. Hiermit können Sie die Gesamtfläche in einzelne Bereiche, „Slices", aufteilen. Die Slices können dann separat oder geschlossen für die weitere Verwendung im Internet abgespeichert werden.

Mit dem *Slice-Auswahlwerkzeug* können Sie einzelne Slices markieren und ändern. Ein Doppelklick öffnet ein Fenster mit individuellen Optionen.

Messwerkzeuge

Pipette-Werkzeug, Farbaufnahme-Werkzeug, Linealwerkzeug, Anmerkungen-Werkzeug, Zählungswerkzeug [I]

Mit der *Pipette* übernehmen Sie den Farbwert eines beliebigen Bildbereichs als Vordergrundfarbe. Wenn Sie beim Aufnehmen zusätzlich die [Alt]-Taste drücken, wird der Farbwert als Hintergrundfarbe übernommen. In der Optionsleiste haben Sie die Möglichkeit, die Größe des Aufnahmebereichs zu definieren. Hier stehen Ihnen quadratische Pixelwerte zwischen *1 Pixel* und *101 x 101 Pixel* zur Verfügung. Bei größeren Aufnahmebereichen wird ein entsprechender Mittelwert berechnet, daher empfiehlt sich für exakte, pixelgenaue Farbwertbestimmungen eigentlich nur die ein Pixel große Werkzeugspitze.

Das *Farbaufnahme-Werkzeug* speichert bis zu vier Farbinformationen im *Info-Bedienfeld*. Dort können Sie anschließend einstellen, welcher Farbmodus zugrunde gelegt werden soll. Um den Farbmodus zu ändern, klicken Sie einfach auf das Farbaufnahmesymbol mit dem kleinen schwarzen Pfeil links der neu hinzugefügten Farbwerte. Im sich öffnenden Kontextmenü wählen Sie anschließend den gewünschten Farbmodus aus.

Mit dem *Linealwerkzeug* messen Sie beliebige Strecken in Ihrem Dokument aus. Die Messinformationen wie Winkel, Breite und Höhe werden Ihnen sowohl im *Info-Bedienfeld* als auch in der Optionsleiste angezeigt.

Das *Anmerkungen-Werkzeug* ermöglicht Ihnen, Notizen in Ihrem Dokument zu verfassen. Klicken Sie bei ausgewähltem Werkzeug auf einen entsprechenden Bildbereich, öffnet sich das *Anmerkungen*-Bedienfeld und erlaubt Ihnen eine Texteingabe. Mit Anmerkungen versehene Bildbereiche werden durch ein kleines Notizzettelsymbol optisch gekennzeichnet.

Mit dem neuen *Zählungswerkzeug* zählen Sie die Objekte in einer Bilddatei. Das *Zählungswerkzeug* steht nur in der Photoshop Extended-Version zur Verfügung.

Zeichen- und Textwerkzeuge

Zeichenstift-Werkzeug, Freiform-Zeichenstift-Werkzeug, Ankerpunkt-hinzufügen-Werkzeug, Ankerpunkt-löschen-Werkzeug, Punkt-umwandeln-Werkzeug [P]

Mit dem *Zeichenstift-Werkzeug* erstellen Sie einen Pfad. Jedes Mal, wenn Sie klicken, erzeugen Sie einen neuen „Ankerpunkt"; ziehen Sie jedoch nach dem Klick mit gedrückter Maustaste in eine Richtung weiter, wird dieser Punkt ein „Kurvenpunkt". Bei einem Klick mit anschließendem Loslassen der Maustaste erzeugen Sie einen „Eckpunkt".

Mit dem *Freiform-Zeichenstift* malen Sie freihändig eine Form, die anschließend in einen Pfad umgewandelt wird.

Die Werkzeuge *Ankerpunkt hinzufügen* und *löschen* erlauben es Ihnen, Punkte zu einem bestehenden Pfad hinzuzufügen oder zu löschen. Klicken Sie dazu im Pfad einfach auf die gewünschte Stelle.

Das *Ankerpunkt-umwandeln-Werkzeug* wandelt per Klick Eckpunkte in Kurvenpunkte um oder umgekehrt.

Eine Auflistung Ihrer erstellten Pfade finden Sie anschließend im *Pfade*-Bedienfeld.

Horizontales Text-Werkzeug, Vertikales Text-Werkzeug, Horizontales Textmaskierungswerkzeug, Vertikales Textmaskierungswerkzeug [T]

Mit den Textwerkzeugen erhalten Sie die Möglichkeit, horizontal oder vertikal ausgerichteten Text zu schreiben. Klicken Sie einfach mit dem gewünschten Werkzeug auf die Arbeitsfläche und beginnen Sie zu schreiben. Außerdem können Sie einen Textrahmen aufzuziehen, in dem sich anschließend der verfasste Text befindet.

Die *Textmaskierungswerkzeuge* erstellen nach einer Bestätigung über den Haken in der Optionsleiste oder der [Enter]-Taste eine Auswahl des geschriebenen Textes.

Pfadauswahl-Werkzeug, Direktauswahl-Werkzeug [A]

Mit dem *Pfadauswahl-Werkzeug* wählen Sie per Klick einen gesamten Pfad aus, um ihn anschließend zu verschieben oder zu transformieren.

Das *Direktauswahl-Werkzeug* nutzen Sie, um einen einzelnen Ankerpunkt eines Pfads zu selektieren. Diesen können Sie dann einzeln über die Tangenten bearbeiten, um somit die Form den Pfads detailliert zu steuern.

Rechteck-Werkzeug, Abgerundetes-Rechteck-Werkzeug, Ellipse-Werkzeug, Polygon-Werkzeug, Linienzeichner-Werkzeug, Eigene-Form-Werkzeug [U]

Mit diesen Werkzeugen erstellen Sie Pfade oder Formebenen (Ebenen mit Vektormaske) entsprechend ihren Bezeichnungen.

Bei Auswahl des *Rechteck-* und des *Ellipse-Werkzeugs* erzeugen Sie durch Drücken der [Umschalt]-Taste ein Quadrat bzw. einen Kreis. In der Optionsleiste stellen Sie ein, ob das Objekt mit der Vordergrundfarbe gefüllt und als Formebene erstellt werden soll oder ob nur der Pfad erstellt werden soll.

Das *Abgerundetes-Rechteck-Werkzeug* erlaubt zudem die Einstellung, um wie viele Pixel die Ecken abgerundet werden sollen.

Das *Polygon-Werkzeug* erstellt ein Vieleck. In der Optionsleiste kann die Anzahl der Ecken angegeben werden. Über den Pfeil neben den Werkzeugsymbolen können Sie darüber hinaus angeben, ob es sich bei dem Polygon um einen Stern handeln soll.

Mit dem *Linienzeichner-Werkzeug* erstellen Sie eine Linie. Linienstärke und optionale Pfeilspitzen legen Sie in der Optionsleiste fest.

Das *Eigene-Form-Werkzeug* erstellt eine individuelle Form. Hierbei steht Ihnen eine umfangreiche Anzahl an Formen von Haus aus zur Verfügung.

Navigationswerkzeuge

Hand-Werkzeug [H], Ansichtdrehung-Werkzeug [R]

Mit dem *Hand-Werkzeug* verschieben Sie die Ansicht, wenn Sie sich in einer Zoomstufe befinden oder aus Platzgründen nicht das gesamte Bild dargestellt wird. Neu in Photoshop CS4 ist die Funktion *Ziehschwenken*, mit der die Ansicht nach Benutzung des *Hand-Werkzeugs* ein Stück weitergleitet. Diese Funktion lässt sich über die Voreinstellungen deaktivieren.

Benutzen Sie das *Ansichtdrehung-Werkzeug*, um Ihre Arbeitsfläche zu drehen. Sollten Sie bei gedrehter Arbeitsfläche speichern, bleibt die Originaldatei unverändert. Lediglich Ihre Ansicht wird gedreht. Sie können zur Ursprungsausrichtung zurückkehren, indem Sie den entsprechenden Button in der Optionsleiste anklicken.

Zoomwerkzeug [Z]

Mit dem *Zoomwerkzeug* vergrößern Sie die Ansicht Ihres Dokuments. Drücken Sie zusätzlich die [Alt]-Taste, verkleinern Sie die Ansicht, zu erkennen an den in der Lupe dargestellten Plus- und Minuszeichen. Doppelklicken Sie auf das Werkzeug in der Werkzeugpalette, erhalten Sie immer eine 100-%-Ansicht Ihres Dokuments.

Das „animierte Zoomen" bewirkt, dass der ausgewählte Ausschnitt nicht einfach erscheint, sondern animiert heran- bzw. weggezoomt wird.

3D-Objekt-drehen, 3D-Objekt-rollen, 3D-Objekt-schwenken, 3D-Objekt-verschieben, 3D-Objekt-skalieren [K]

Die hier aufgeführten 3-D-Werkzeuge stehen nur in Photoshop CS5 Extended zur Verfügung. Mit dem *3D-Objekt-drehen-Werkzeug* drehen Sie Objekte um die x-Achse, mit *3D-Objekt-rollen* um die z-Achse. Möchten Sie ein Objekt in x- oder y-Richtung schwenken, greifen Sie zum *3D-Objekt-schwenken-Werkzeug*. Mit *3D-Objekt-verschieben* können Sie ein 3-D-Objekt im Dokumentfenster in jede Richtung schieben. Soll ein Objekt vergrößert oder verkleinert werden, geschieht das mit dem *3D-Objekt-skalieren-Werkzeug*.

3D-Kamera-kreisen, 3D-Kamera-rollen, 3D-Kamera-schwenken, 3D-Kameragang, 3D-Kamerazoom [N]

Die hier aufgeführten 3-D-Werkzeuge stehen nur in Photoshop CS5 Extended zur Verfügung. Mit dem *3D-Kamera-kreisen-Werkzeug* drehen Sie Objekte in x- oder y-Richtung. *3D-Kamera-rollen* dreht ein Objekt um dessen z-Achse. Möchten Sie ein Objekt in x- oder y-Richtung schwenken, greifen Sie zum *3D-Kamera-schwenken-Werkzeug*. *3D-Kameragang* verschiebt die Kamera seitlich, vor und zurück, je nachdem, ob Sie den Cursor horizontal oder vertikal bewegen. Mit dem *3D-Kamerazoom-Werkzeug* legen Sie das Blickfeld fest.

Photoshop optimal einrichten

Damit Sie professionell und vor allem effektiv mit dem Programm arbeiten können, richten Sie die Photoshop-Arbeitsumgebung zunächst Ihren persönlichen Anforderungen entsprechend ein. Einige Funktionen werden Sie nie benötigen, andere selten, wieder andere fast ununterbrochen. Erfahren Sie hier, wie Sie Photoshop für Ihre Anwendungen effektiv einrichten, welche Möglichkeiten Sie haben und worauf Sie besonders achten sollten.

Wichtige Voreinstellungen festlegen

Bevor Sie mit ersten Retuschearbeiten beginnen, passen Sie zunächst die wichtigsten Photoshop-Voreinstellungen an, um Ihre Arbeit effektiv zu gestalten und um vor unliebsamen Überraschungen gefeit zu sein. Welche die von Ihnen bevorzugten Einstellungen sein sollten, wird in erster Linie von der weiteren Verwendung Ihrer Bilder bestimmt. Beachten Sie, dass die geänderten Voreinstellungen erst nach dem Neustart des Programms wirksam werden.

Die Photoshop-Voreinstellungen sind global definierte Einstellungen, die unabhängig von gerade geöffneten Dateien immer Auswirkungen auf das gesamte Programm haben. In der Regel nehmen Sie Änderungen an den Voreinstellungen nur direkt nach der Installation des Programms vor. Je nach Projektanforderung müssen eventuell Voreinstellungen optimiert werden, für gewöhnlich bleiben sie jedoch weitestgehend unverändert. Nachfolgend werden die Photoshop-Voreinstellungen im Kontext anstehender Retuschearbeiten optimal eingestellt.

Allgemein

Im Abschnitt *Allgemein* definieren Sie Ihre grundlegenden Photoshop-Einstellungen. Im Drop-down-Menü *Farbwähler* wählen Sie hier Ihren bevorzugten Farb-

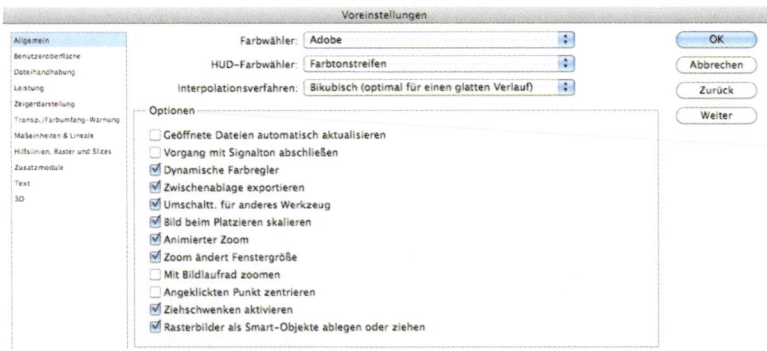

Einstellungsmöglichkeiten im Abschnitt **Allgemein** der Photoshop CS5-Voreinstellungen.

wähler für die Werkzeugpalette aus. Der *Adobe*-Farbwähler ist aufgrund seiner komfortablen Funktionen sehr zu empfehlen. Mit *Interpolationsverfahren* kontrollieren Sie, ob der Wert auf *Bikubisch (optimal für einen glatten Verlauf)* eingestellt ist; passen Sie diese Einstellung gegebenenfalls an. Dadurch ist sichergestellt, dass bei Skalierung oder einer Umrechnung der Bildabmessungen die Verläufe geglättet werden, was insbesondere im Web zu schöneren Ergebnissen führt.

Die im Bereich *Optionen* zu aktivierenden Voreinstellungen sind selbsterklärend und sollten den persönlichen Vorlieben angepasst werden. Aktivieren Sie jedoch das Kontrollkästchen *Geöffnete Dateien automatisch aktualisieren*, um Dateien, die außerhalb von Photoshop geändert wurden, nicht manuell aktualisieren zu müssen. Darüber hinaus empfiehlt es sich, die Zwischenablage zu exportieren, damit zwischengespeicherte Daten auch anderen Anwendungen, wie z. B. InDesign oder Dreamweaver, zur Verfügung stehen. Im Abschnitt *Verlaufsprotokoll* legen Sie fest, wo der Verlauf Ihrer Arbeitsschritte gespeichert werden soll. Sie haben die Wahl zwischen *Metadaten*, *Textdatei* und einer Kombination aus beidem. Der Standard ist ein deaktiviertes Kontrollfeld.

Benutzeroberfläche

Der Abschnitt *Benutzeroberfläche* umfasst Einstellungen zum Erscheinungsbild und Verhalten des Photoshop-Interface. Hier können Sie persönliche Einstellungen vornehmen oder diesen Punkt auch überspringen, da die Grundeinstellungen durchaus empfehlenswert sind.

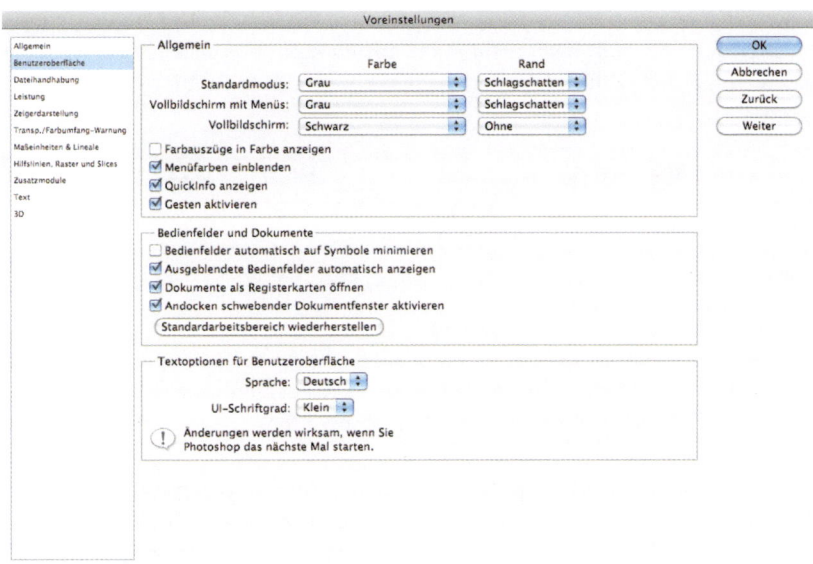

Dialogfeld der Photoshop-Voreinstellungen unter **Benutzeroberfläche**.

Die Auswahllisten im Bereich *Allgemein* legen fest, wie die Umgebung der Datei und die Kontur um die Datei gestaltet werden sollen, wenn Sie sich in den verschiedenen Ansichten befinden. Die Ansichten können Sie später über die Taste [F] auf Ihrer Tastatur oder über das Auswahlmenü in der Optionsleiste wechseln. Wenn Sie den Haken bei *Farbauszüge in Farbe anzeigen* setzen, werden die Kanalminiaturen in der *Kanäle*-Palette farbig angezeigt.

Legen Sie mit **Farbauszüge in Farbe anzeigen** fest, ob die Farbkanalauszüge farbig oder schwarz-weiß dargestellt werden sollen.

Menüfarben einblenden bestimmt, ob es möglich sein soll, Menüpunkte, etwa häufig benötigte Filter oder Ähnliches, farbig hervorzuheben. QuickInfos werden eingeblendet, wenn Sie den Mauszeiger einige Zeit über ein bestimmtes Bedienfeld, ein Icon oder eine Funktion halten. Sollten Sie diese Hilfestellung benötigen, da Sie z. B. noch nicht lange mit Photoshop arbeiten, aktivieren Sie das entsprechende Kontrollfeld. Allerdings können diese Tooltipps auch störend wirken.

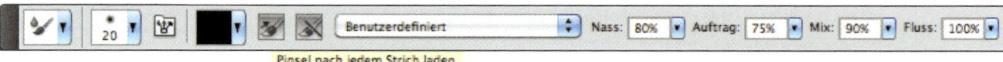

Aktivierte QuickInfos, hier **Pinsel nach jedem Strich laden**, geben hilfreiche Tipps zu Programm-funktionen.

Wenn Sie im Bereich *Bedienfelder und Dokumente* das Kästchen *Bedienfelder automatisch auf Symbole minimieren* markieren, werden ausgeklappte Bedienfelder automatisch eingeklappt, wenn Sie an eine andere Position klicken. *Ausgeblendete Bedienfelder automatisch anzeigen* legt fest, ob per Mouseover Bedienfelder eingeblendet werden sollen.

Aktivieren Sie *Dokumente als Registerkarten öffnen*, um alle neu geöffneten Dateien in Form von Registerkarten (Tabs) anzeigen zu lassen. Wenn Sie Registerkarten per Drag and Drop an andere Fenster andocken möchten, markieren Sie den Punkt *Andocken schwebender Dokumentfenster aktivieren*.

Stellen Sie im Bereich *Textoptionen für Benutzeroberfläche* ein, welche Sprache Sie innerhalb von Photoshop verwenden möchten und/oder wie groß die Texte innerhalb der Bedienfelder des Programms angezeigt werden sollen.

Dateihandhabung

In diesem Abschnitt überprüfen Sie einige Werte, die den Workflow, vor allem wenn Sie im Team arbeiten, erleichtern. Insbesondere wenn die verschiedenen Stationen Ihres Workflows sowohl auf Macs als auch auf Windows-PCs stattfinden, sollten Sie sich das folgende Dialogfeld zu Herzen nehmen.

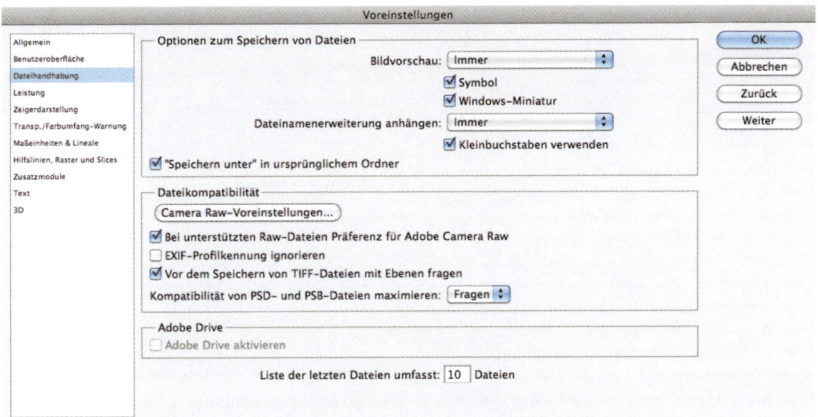

Dialogfeld der Photoshop-Voreinstellungen hinsichtlich der *Dateihandhabung*.

Um beim Öffnen einer Datei in Photoshop eine Miniaturansicht zu erhalten, sollten Sie beim Punkt *Bildvorschau Immer* und direkt darunter *Symbol* auswählen. Damit Sie kompatibel unter Mac OS und Windows arbeiten können, setzen Sie darüber hinaus die Haken bei *Macintosh-* und *Windows-Miniatur* und wählen *Immer* bei *Dateinamenerweiterung anhängen*. So werden Ihre Daten problemlos auf beiden Systemplattformen erkannt. Kleinbuchstaben sind im Internet Pflicht; aktivieren Sie also den entsprechenden Punkt ebenfalls.

Die unter *Dateikompatibilität* zu vergebenen Einstellungen beziehen sich auf die Arbeit mit dem RAW-Konverter Adobe Camera Raw und können bei Arbeiten für das Internet größtenteils vernachlässigt werden. Belassen Sie diese Punkte daher, wie sie sind.

Leistung

Im Abschnitt *Leistung* legen Sie die Photoshop-Systemleistungen fest. Sofern Sie über ausreichend Arbeitsspeicher verfügen, sollten Sie Photoshop um die 70 % davon verwenden lassen. Achten Sie aber immer darauf, wie viel Arbeitsspeicher anderen Programmen noch bleibt. Da Photoshop nach wie vor maximal 3 GByte

Arbeitsspeicher verwalten kann, können Sie dem Programm bedenkenlos 100 % Arbeitsspeicher zuweisen.

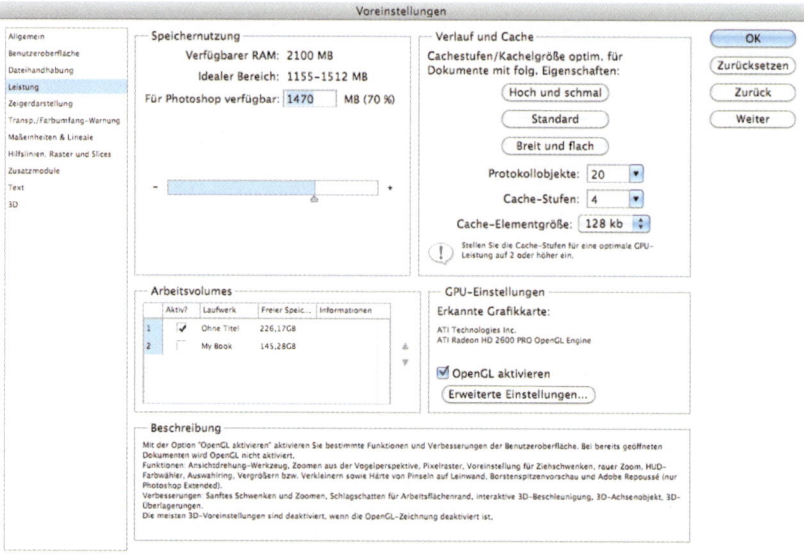

Im Abschnitt *Leistung* der Photoshop-Voreinstellungen legen Sie alle Leistungsmerkmale, wie *Speichernutzung*, *Verlauf und Cache*, *Arbeitsvolumes* und *GPU-Einstellungen* (Graphics Processing Unit) fest.

Vergeben Sie im Bereich *Arbeitsvolumes* ein oder mehrere Arbeitsvolumina. Die Volumina werden von oben nach unten beschrieben und dienen Photoshop als Auslagerungsspeicher. Wählen Sie hier möglichst schnelle Laufwerke mit mindestens 2 GByte freiem Speicher.

Im Bereich *Verlauf und Cache* bestimmen Sie die Anzahl der *Protokollobjekte*. Sie legen fest, wie viele Arbeitsschritte gespeichert und rückgängig gemacht werden können – *20* ist ein guter Wert. Um den Arbeitsspeicher zu schonen, können Sie diesen Wert reduzieren oder bei Bedarf auf maximal 1.000 Schritte erhöhen. Der Cache bestimmt die Aktualität Ihrer Bilddateien. Sie können den Wert *4* beibehalten, es sei denn, Sie arbeiten mit kleinen Dateien, die über sehr viele Ebenen verfügen. Dann verringern Sie die *Cache-Stufen*.

Zeigerdarstellung

Hier definieren Sie die Darstellung der Pinselspitzen für Mal- und andere Werkzeuge. Sie können die verschiedenen Optionen jedoch auch während der Arbeit über die [Umschalt]-Taste verändern.

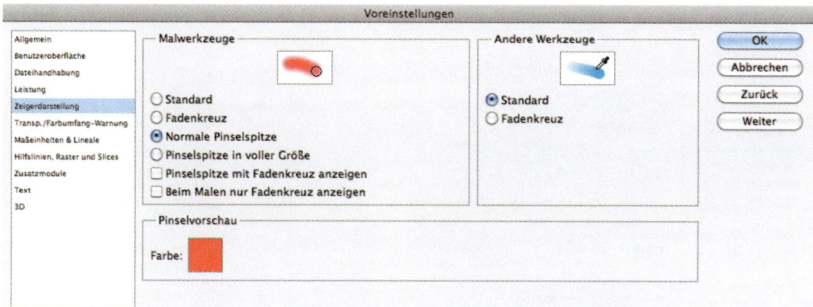

Hier legen Sie alle Einstellungen für die *Malwerkzeuge* und *Andere Werkzeuge* fest.

Transparenzeinstellungen und Farbumfang-Warnung

Unter *Transparenzeinstellungen* teilen Sie Photoshop mit, wie transparente Bereiche dargestellt werden sollen. Sie können sowohl die Farbe als auch die Größe des Transparenzmusters bestimmen. Weiterhin definieren Sie im Bereich *Farbumfang-Warnung*, wie Farben, die sich außerhalb des am Bildschirm darstellbaren Bereichs befinden, dargestellt werden sollen. Das trifft auch auf Farben zu, deren Farbton außerhalb des Druckfarbumfangs liegt.

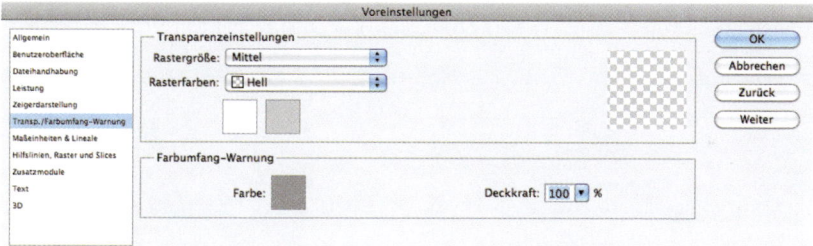

Im Abschnitt *Transparenzeinstellungen* legen Sie *Rastergröße*, *Rasterfarben* und die *Farbumfang-Warnung* fest.

Maßheiten und Lineale

Stellen Sie die *Maßeinheiten* für die *Lineale* auf *Pixel*. Damit erleichtern Sie sich das Arbeiten bei der späteren Beautyretusche. Unter *Spaltenmaße* legen Sie fest, wie groß die Tabulatorabstände bei einer Texteingabe unter Photoshop sein sollen. Im Bereich *Auflösung für neue Dokumentvoreinstellungen* kontrollieren Sie, ob die *Bildschirmauflösung 72 Pixel/Zoll* (ppi) beträgt, und passen diesen Wert gegebenenfalls an. Da Monitore eine Auflösung von 72 bzw. 96 dpi (dots per inch) verwenden, entspricht ihre Darstellung somit eins zu eins der späteren Ausgabe im Internet.

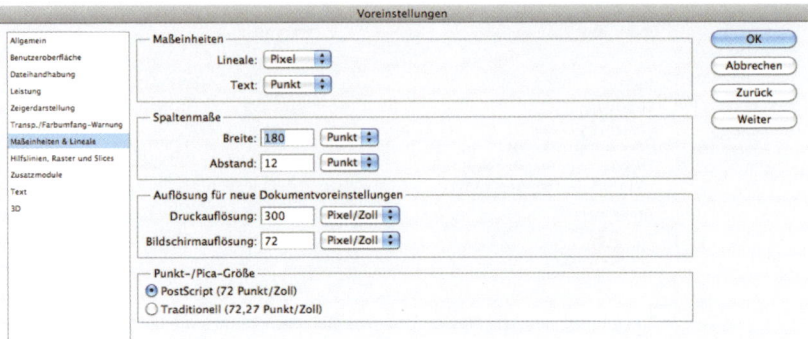

Im Abschnitt *Maßeinheiten* legen Sie *Spaltenmaße* und *Auflösungen für neue Dokumentvoreinstel-lungen* fest.

Hilfslinien, Raster und Slices

Vergeben Sie hier bei Bedarf individuelle Farben für Hilfslinien, Dokumentraster und Slices. Wenn Sie *Magnetische Hilfslinien* aktivieren, docken Elemente automatisch an zuvor aufgezogenen Hilfslinien an. Im Bereich *Raster* können Sie festlegen, wie das Raster aufgeteilt sein soll. Hier empfiehlt sich für Websites in jedem Fall die Maßein-heit *Pixel*. Setzen Sie den Haken bei *Slice-Nummern einblenden*, um in den oberen linken Ecken von Slices jeweils eine Indexzahl der entsprechenden Slices zu sehen.

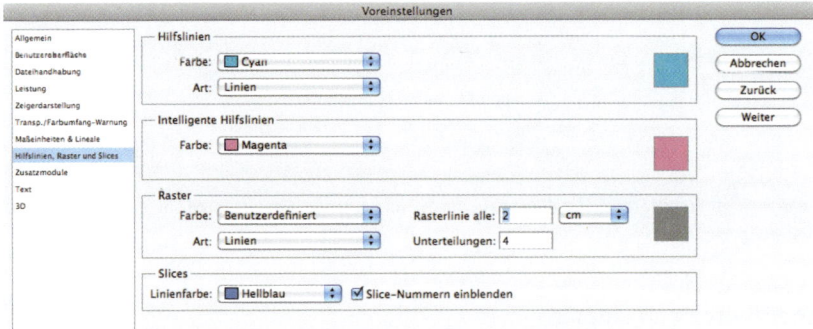

Einstellungen zu *Hilfslinien*, *Intelligente Hilfslinien*, *Raster* und *Slices*.

Zusatzmodule

Hier legen Sie fest, wie in Photoshop integrierte Zusatzmodule gehandhabt werden sollen. Die Voreinstellungen sind durchaus zu empfehlen und können beibehalten werden. Sie bestimmen, ob durch Erweiterungen wie Plug-ins und Extensions hin-zugefügte Bedienfelder automatisch beim Programmstart aktiviert werden sollen und ob die Erweiterungen eine Verbindung zum Internet herstellen dürfen, um beispielsweise nach Updates zu suchen.

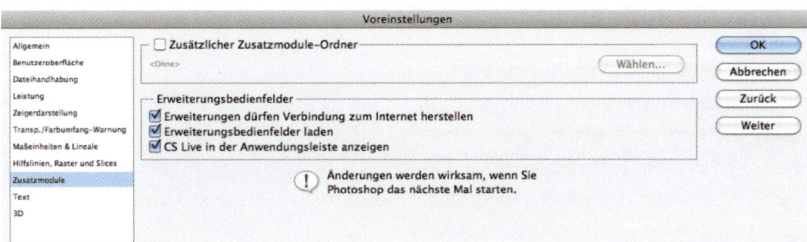

Legen Sie in den Voreinstellungen fest, wie Photoshop *Zusatzmodule* wie Erweiterungen oder Plugins behandeln soll.

Text

Überprüfen Sie hier die Einstellung *Typografische Anführungszeichen verwenden*. Diese Funktion ist standardmäßig aktiviert. Wenn Sie die Funktion ausschalten, werden keine typografischen, sondern gerade Anführungszeichen im Text gesetzt.

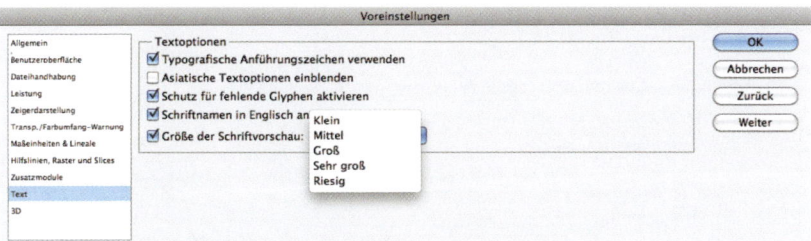

Hier legen Sie Ihre individuellen typographischen Einstellungen fest.

3D

Diese Einstellungen gelten nur für Photoshop CS5 Extended. Bestimmen Sie im Bereich *3D-Überlagerungen* die Farbe der Hilfslinien zur Hervorhebung von 3D-Komponenten und bestimmen Sie die Render- und Raytracer-Einstellungen.

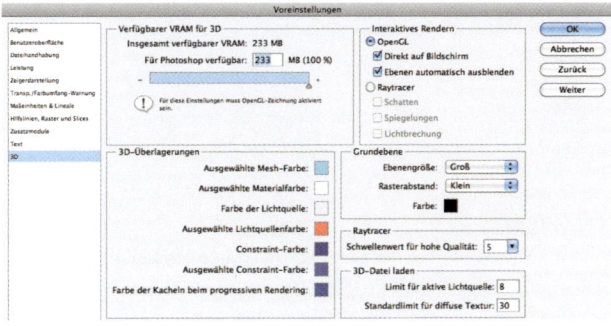

3D-Voreinstellungen für Photoshop CS5 Extendend.

Farbeinstellungen vornehmen

Die Farbmanagementzentrale für Ihre Bildbearbeitung finden Sie im Menü *Bearbeiten/Farbeinstellungen*. Die hier festgelegten Einstellungen sind enorm wichtig für die Farbwiedergabe Ihrer Fotos. Durch die Verwendung unterschiedlicher Farbsysteme oder Farbräume muss bei systemübergreifenden Arbeiten ebenfalls eine Verrechnung der unterschiedlichen Farbinformationen stattfinden. Da diese Systeme jedoch nicht identisch sind, müssen hier viele Kompromisse geschlossen werden, um eine Annäherung zu erreichen. Computerbildschirme arbeiten im RGB-Farbraum. Bei einer Einstellung auf 32 Millionen Farben werden die einzelnen Farbnuancen aus diesen drei Grundfarben erzeugt. Die Größe des Farbraums bzw. dessen Umfang ist von Gerät zu Gerät verschieden und wird deshalb auf bestimmte Farbumfänge begrenzt.

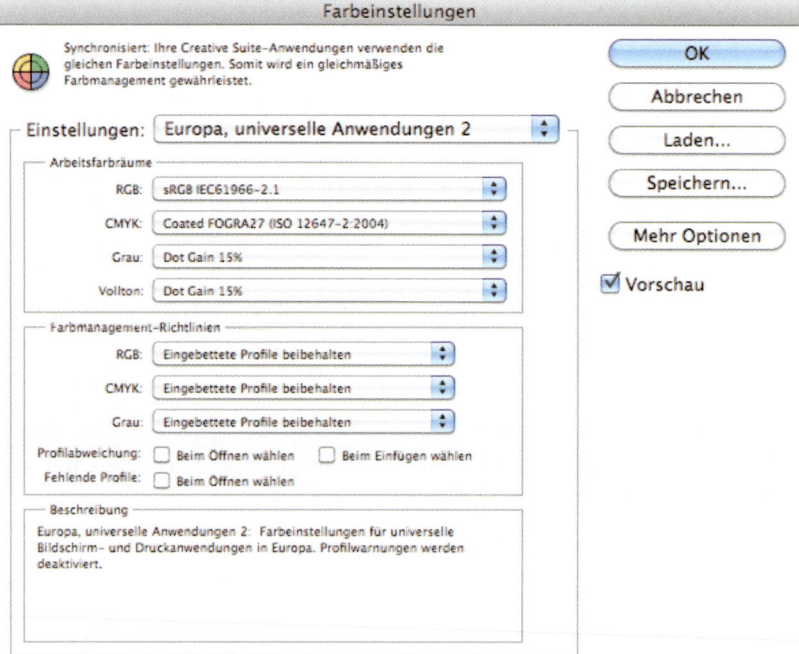

Farbeinstellungen festlegen.

Arbeitsfarbräume festlegen

Je nach Verwendungszweck können Sie aus der Drop-down-Liste *Einstellungen* die für Sie beste Einstellung auswählen oder selbst definierte Einstellungen laden. Nehmen Sie Veränderungen an den Einstellungen vor, ändert sich die Einstellung automatisch zu *Benutzerdefiniert*. Um wiederkehrende Einstellungen zu verwenden, sollten Sie einmal vorgenommene Anpassungen speichern. Farbräume unterscheiden sich durch ihren jeweiligen Umfang und die Sättigung der Farben. Diese Farbräume werden in den jeweiligen Darstellungsmedien (Monitor, Druck, Foto) unterschiedlich dargestellt.

RGB legt den verwendeten Farbraum in diesem Modus fest. *Adobe RGB (1998)* ist ein umfangreicher Farbraum, der bestens für die spätere Wiedergabe im Druck geeignet ist. *sRGB* ist der Standard für die Wiedergabe auf einem Bildschirm (Web) oder auch als Foto.

CMYK ist die Farbraumeinstellung für den professionellen Druckprozess und nur wichtig, wenn Sie Ihre Bilder im CMYK-Modus anlegen, um sie auf einer Druckmaschine ausgeben zu lassen – nicht jedoch auf einem Tintenstrahl- oder Laserdrucker, die den RGB-Farbraum verwenden! Dieser Farbraum ist ausgabespezifisch, und seine Verwendung sollte bereits im Vorfeld mit dem Drucker abgestimmt werden. Empfohlene Einstellung ist *Coated FOGRA27* für hochwertige, glatte Papiere.

Grau legt den Tonwertzuwachs im Druck fest. Falls Sie nicht für die Druckvorstufe arbeiten, sollten Sie *Gray Gamma 2,2* wählen. Dadurch erzeugen Sie die feinsten Abstufungen in den Verläufen.

Vollton ist nur wichtig für spezielle Farben zusätzlich zum CMYK-Druckprozess. Standardeinstellung ist hier *Dot Gain 15 %*.

Farbmanagement auf jeden Fall nutzen

Verwenden Sie auf jeden Fall das Farbmanagement und fügen Sie fehlende Profile in Ihre Bilddaten der Herstellung und dem Verwendungszweck entsprechend ein. Dadurch ist bei einer Weiterverarbeitung Ihrer Bilder durch Dritte eine bessere Darstellung möglich. Für eine optimale Kommunikation mit anderen Rechnern oder Ausgabegeräten ist eine Kalibrierung Ihres Monitors erforderlich. Dazu gibt es im Fachhandel entsprechende Messgeräte und Hilfsmittel.

Farbmanagement-Richtlinien

Für den jeweiligen Farbraum gibt es drei Einstellungsmöglichkeiten: *Aus, Eingebettete Profile beibehalten* sowie *In RGB-Arbeitsfarbraum konvertieren*. Es sind die gleichen Optionen, die auch für *Profilabweichung* und *Fehlende Profile* verwendet werden.

RGB: In der Regel wählen Sie hier die Option *In RGB-Farbraum konvertieren*. Dadurch werden fremde RGB-Farbräume an den von Ihnen verwendeten Farbraum angepasst. *Eingebettete Profile verwenden* verhindert diese Anpassung. *Aus* schaltet Ihr Farbmanagement ab.

CMYK: Hier lautet die Empfehlung *Eingebettete Profile beibehalten*. CMYK-Daten stammen zumeist aus dem professionellen Druckvorstufenbereich und sollten keinesfalls umgewandelt werden.

Grau: Hier wird wieder die Konvertierung empfohlen – außer bei Arbeiten mit professionellen Scans aus der Druckvorstufe.

Mehr Optionen

Aktivieren Sie alle darunterliegenden Kontrollkästchen, können Sie auch noch später beim Öffnen einer Datei entscheiden, ob Sie diese Anpassungen vornehmen wollen oder nicht. Hinter der Schaltfläche *Mehr Optionen* verbergen sich weitere Anpassungsmöglichkeiten für Ihre Farbeinstellungen.

Arbeitsbereich individuell anpassen

Sie haben in Photoshop die Möglichkeit, Ihren Arbeitsbereich individuell anzupassen. Ein Arbeitsbereich besteht immer aus verschiedenen Fenstern mit Einstellungsparametern, Bedienfeldern, Arbeitspaletten und Symbolleisten. Je nach Projektanspruch benötigen Sie nur bestimmte Funktionen regelmäßig, andere weniger häufig und einige gar nicht. Ein optimierter Arbeitsbereich erleichtert Ihnen die Arbeit ungemein, ist übersichtlich und führt folglich automatisch zu einem effektiveren Workflow. Sie sollten sich also etwas Zeit nehmen, um einen oder mehrere Arbeitsbereiche anzulegen.

Aufgabenoptimierte Arbeitsbereiche

Photoshop CS4 verfügt von Haus aus bereits über sechs Arbeitsbereiche für verschiedene Anwendungsgebiete. Sie erreichen sie über *Fenster/Arbeitsbereich*. Ein für die Beautyretusche empfehlenswerter Arbeitsbereich ist der Bereich *Farbe und Ton* oder auch der Arbeitsbereich *Grundelemente (Standard)*.

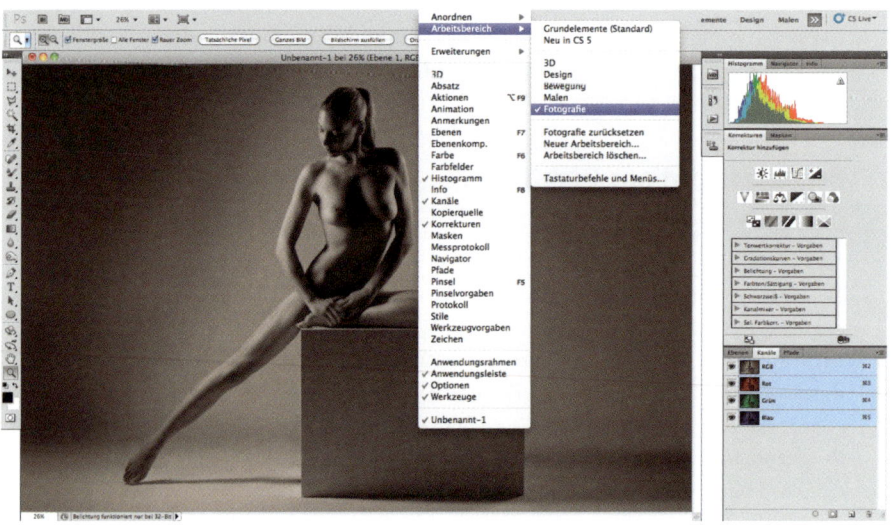

Für die Porträtretusche bestens geeignet – der Arbeitsbereich **Fotografie**.

Wenn Sie mit der Einrichtung Ihres persönlichen Arbeitsbereichs zufrieden sind, speichern Sie ihn über *Fenster/Arbeitsbereich/Neuer Arbeitsbereich* ab. Im nun erscheinenden Dialogfeld geben Sie einen Namen ein und wählen, welche Informationen gespeichert werden sollen. Nach erfolgreichem Speichervorgang ist der Arbeitsbereich oberhalb der Standardarbeitsbereiche verfügbar.

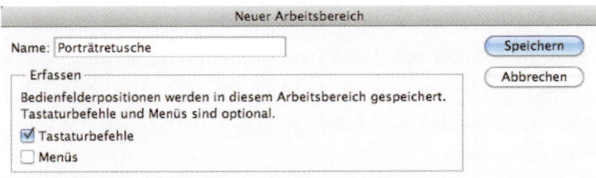

Speichern eines benutzerdefinierten Arbeitsbereichs.

Alle Bedienfelder im Überblick

Bedienfelder, auch Paletten oder Fenster genannt, bezeichnen in Photoshop einzelne oder kombinierte sowie angedockte oder schwebende Bedienelemente zum Bearbeiten Ihrer Dateien bzw. zur Anzeige dateispezifischer Informationen. Standardmäßig sind die Bedienfelder rechts ausgerichtet und bereits in themenverwandten Gruppen zusammengefasst.

Über den Punkt *Fenster* in der Menüleiste können Sie kontrollieren, welche Bedienfelder Sie aktiviert haben, nicht gewünschte deaktivieren oder ausgeblendete Paletten anzeigen lassen.

Absatz

Das *Absatz*-Bedienfeld erlaubt Einstellungen zur Textausrichtung. Hier können Sie bestimmen, ob Text links, zentriert oder rechts ausgerichtet werden und ob es sich um Flattersatz oder Bocksatz handeln soll. Darüber hinaus können Sie Texteinzüge definieren und die Silbentrennung aktivieren.

Dieses Tool werden Sie spätestens dann benötigen, wenn Sie ein fertig gestaltetes Layout mit Inhalten füllen wollen, um einem Kunden einen optimalen Eindruck vom Endprodukt zu vermitteln. Achten Sie in jedem Fall darauf, dass die Silbentrennung deaktiviert ist. Eine Silbentrennung ist im Internet nicht möglich!

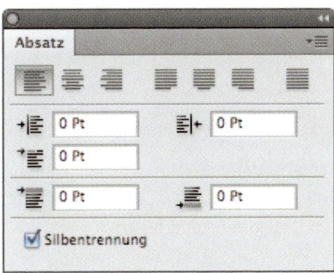

Aktionen

Über *Aktionen* können Sie Workflow-Abläufe aufnehmen und später auf andere Objekte oder Dateien anwenden. Nachdem Sie eine neue Aktion über das Symbol *Neue Aktion* unten rechts hinzugefügt und benannt haben, werden alle weiteren Einstellungen aufgezeichnet. Ein Klick auf die Stopptaste beendet die Aufnahme. Nun können Sie die Aktion auf eine andere Datei anwenden, indem Sie dort die Playtaste wählen.

Aktionen sind im Webdesign äußerst praktisch, wenn es um das identische Bearbeiten verschiedener Objekte oder größerer Datenmengen geht. Ein praktisches Anwendungsbeispiel wäre das Erstellen von Groß- und Kleinansichten (Thumbnails) von Bildern für eine Galerieseite.

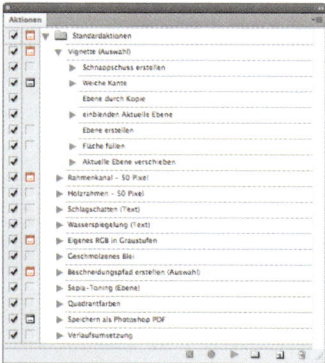

Animation

Das *Animation*-Bedienfeld ermöglicht das Erstellen von simplen, auf Ebenen- oder Zeitleisten basierenden Animationen wie beispielsweise einer GIF-Animation.

Anmerkungen

Das *Anmerkungen*-Bedienfeld zeigt Ihnen im Dokument vermerkte Notizen. An der entsprechenden Stelle in der Datei erscheint ein kleiner gelber Notizzettel als Kennzeichnung. Sie haben ebenfalls die Möglichkeit, über die Pfeile unten alle Anmerkungen, die der Datei hinzugefügt wurden, der Reihe nach zu lesen.

Insbesondere bei der Arbeit in räumlich voneinander getrennt arbeitenden Teams sind Anmerkungen unverzichtbar. In der Praxis wird dieses Tool häufig vom Designer verwendet, um dem Operator/Programmierer Informationen zur geplanten Funktionsweise zu geben.

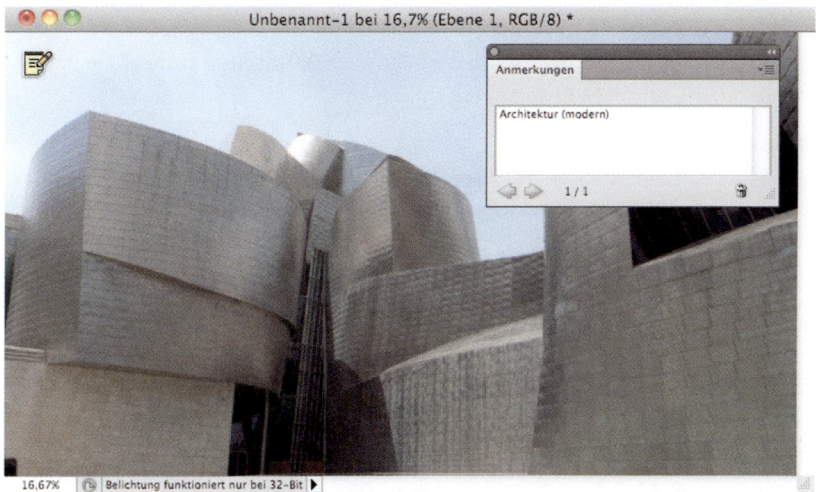

Ebenen [F7]

Das *Ebenen*-Bedienfeld ist das wichtigste Bedienfeld überhaupt. Hier erstellen, verschieben, gruppieren und bearbeiten Sie die einzelnen Ebenen Ihres Projekts.

Im Gegensatz zu den meisten freien Illustrationen oder in Photoshop erstellten Printprodukten werden Sie beim Layouten eines Screendesigns sehr schnell eine große Anzahl an Ebenen verwalten müssen. Die maximale Verschachtelungstiefe von Gruppen liegt übrigens bei fünf Gruppen, die maximale Anzahl an Ebenen bei 1.000.

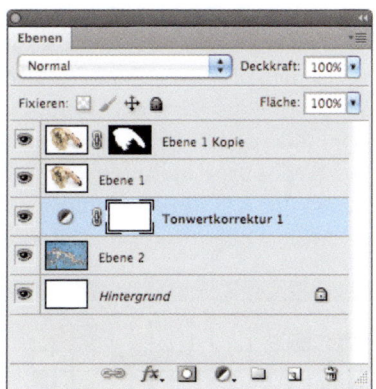

Sofern Sie im Team arbeiten, sollten Sie sich angewöhnen, Ihren Ebenen verständliche Bezeichnungen zu geben. Nichts ist schlimmer, als das Layout eines Kollegen umsetzen zu müssen, in dem keine Ebene benannt ist. Ebenengruppierungen helfen Ihnen, Ihre Ebenen zusätzlich zu strukturieren.

Ebenenkompositionen

Das Bedienfeld *Ebenenkomp.* ermöglicht Ihnen, Ebenen in verschiedenen Stadien, Ausrichtungen oder Gestaltungszuständen als Komposition in nur einer Photoshop-Datei abzuspeichern und bei Bedarf zwischen diesen Kompositionen zu wechseln.

Sie haben somit beispielsweise die Möglichkeit, verschiedene Unterseiten einer Website in nur einer Datei zu speichern. Die Rahmengestaltung der Website bleibt dabei gleich, für die geänderten Inhalte oder Ausrichtungen einzelner Elemente legen Sie jeweils eine neue Ebenenkomposition an.

Farbe [F6]

Das Bedienfeld *Farbe* dient als Farbwähler. Über den Pfeil oben rechts können Sie das zugrunde gelegte Farbmodell wechseln. Im Hauptfenster haben Sie die Möglichkeit, Farbwerte über Schieberegler, numerisch per Eingabe oder über den Farbauswahlbalken anzugeben.

Für den Webbereich empfiehlt sich das RGB-Farbmodell, da Bildschirme ebenfalls Farben über die Grundfarben Rot, Grün und Blau erzeugen.

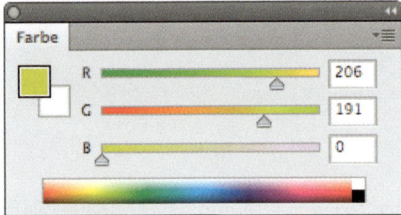

Farbfelder

Die *Farbfelder* umfassen eine Liste von Farben, die Sie individuell für Ihr Projekt oder Ihren täglichen Bedarf zusammenstellen und sortieren können. Über den Pfeil oben rechts können Sie die Ansicht ändern oder vordefinierte Paletten wie *HKS*, *Pantone* oder die websicheren Farben laden.

Besonders praktisch ist das Zusammenstellen von eigenen Farbfeldern für ein Projekt mit klar definiertem Farbschema. Wenn Sie eine Farbe über den Farbwähler in der Werkzeugpalette ausgewählt haben, können Sie sie ganz einfach über einen Klick auf *Zu Farbfeldern hinzufügen* in die Palette übernehmen. So haben Sie jederzeit schnellen Zugriff auf die wichtigsten Farben Ihres Layouts.

Histogramm

Das *Histogramm* gibt Ihnen einen schnellen Überblick über die Verteilung der unterschiedlich hellen Pixel Ihres Bildes oder Ihrer aktuellen Auswahl.

Im linken Abschnitt sehen Sie die Verteilung der Tiefen, im mittleren Abschnitt die der Mitteltöne und im rechten Bereich die Lichter.

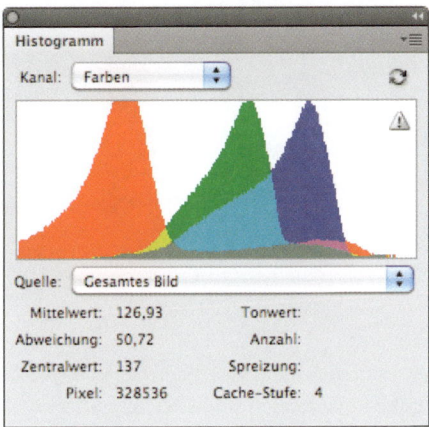

Info [F8]

Das *Info*-Bedienfeld beinhaltet diverse Informationen über Ihr Dokument. Neben Farbangaben und der Dokumentgröße sind vor allem die *X*-/*Y*-Koordinaten sowie die Breite und Höhe einer Auswahl wichtige Informationen beim Erstellen von Screenlayouts. Pixelgenaue Abmessungen sind beim Webdesign ein wichtiges Qualitätsmerkmal! Hier finden Sie das perfekte Tool, um Ihre Layouts abzumessen.

Über den Pfeil oben rechts können Sie individuelle Einstellungen vornehmen. Zur Darstellung von Farben empfiehlt es sich, die Webfarben einzublenden. So erfahren Sie die Hexadezimalwerte Ihrer Farben und können diese Werte später direkt in den Quellcode übertragen.

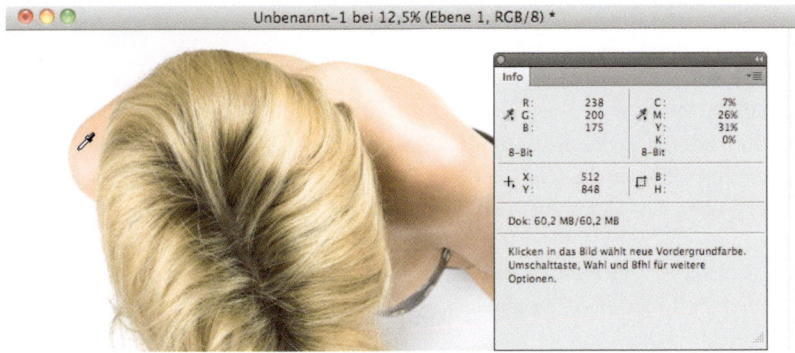

Kanäle

Dieses Fenster gibt Ihnen Informationen zu den Farbkanälen Ihrer Datei. Je nach
Farbmodus werden hier andere Kanäle angezeigt. Ein Klick auf den jeweiligen Kanal zeigt die Farbanteile der ausgewählten Farbe in Helligkeitsabstufungen. In den
Voreinstellungen können Sie festlegen, ob die Farbauszüge alternativ farbig dargestellt werden sollen.

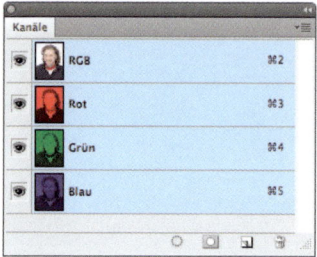

Kopierquelle

Die *Kopierquelle* ist ein unterstützendes Bedienelement des *Kopierstempel-Werk-
zeugs* [S]. Hier können Sie die Quelle des zu kopierenden Bildbereichs transparent
einblenden, transformieren oder drehen, um optimale Ergebnisse beim Retuschie-
ren zu erhalten.

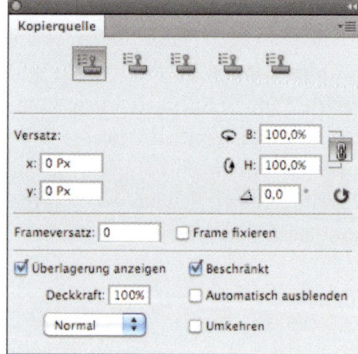

Korrekturen

Das *Korrekturen*-Bedienfeld vereint alle wichtigen und häufig verwendeten Funktionen zur Bildretusche. Ohne, wie in allen bisherigen Programmversionen, den
Eintrag über das Menü aufrufen zu müssen, haben Sie nun jederzeit schnellen
Zugriff auf die Funktionen *Helligkeit/Kontrast, Tonwertkorrektur, Gradationskurven, Belichtung, Dynamik, Farbton/Sättigung, Farbbalance, Schwarzweiß, Fotofilter,
Kanalmixer, Umkehren, Tontrennung, Schwellenwert, Verlaufumsetzung* und *Selektive Farbkorrektur*.

Ein Klick auf das entsprechende Icon führt Sie zu den funktionsabhängigen Einstellungen. Dort können Sie nun die gewünschten Änderungen vornehmen.

In den erweiterten Optionen haben Sie die Möglichkeit, festzulegen, ob die Korrekturen als Ebenenmaske hinzugefügt werden sollen oder direkt auf die Ebene angewendet werden. Als Standard ist die Ebenenmaske ausgewählt, was durchaus empfehlenswert ist, da so keine Pixel verändert oder zerstört werden und alle Korrekturen später deaktiviert oder verändert werden können.

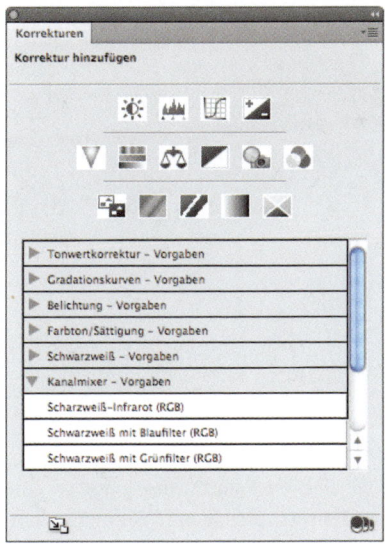

Masken

Verfügt die ausgewählte Ebene über eine Pixel- oder Vektormaske, können Sie an dieser Stelle die Dichte und den Grad der Weichzeichnung bestimmen. Ebenso können Sie hier detaillierte Werte der Maskenkante und des Farbbereichs vergeben sowie die Maske invertieren. Alle Werte lassen sich später korrigieren oder entfernen.

Navigator

Der *Navigator* zeigt Ihnen eine Miniaturansicht Ihres Dokuments und markiert in einem roten Rahmen den aktuell sichtbaren Bereich. Da im Webdesign oft im Detail gearbeitet wird, erleichtert dieses Tool die Navigation im Layout immens.

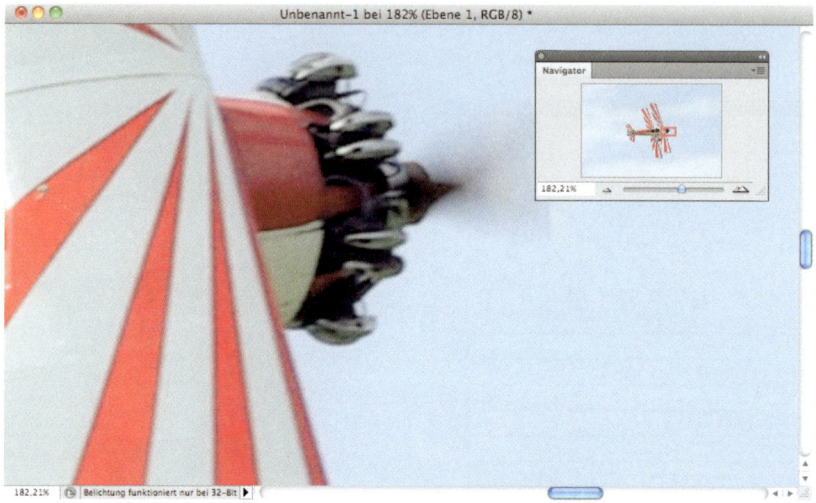

Pfade

Das *Pfade*-Bedienfeld ist vergleichbar mit der *Ebenen*-Palette, nur zeigt es eine Übersicht der verwendeten Pfade samt ihrer eventuell angelegten Vektormasken. Bei illustrativeren Layouts oder importierten Vektordateien ist diese Palette besonders hilfreich.

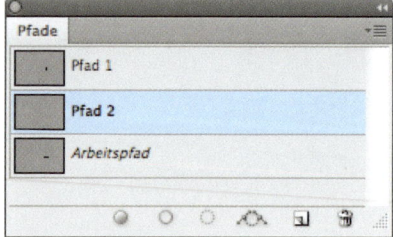

Pinsel [F5]

Das *Pinsel*-Bedienfeld bietet Ihnen eine ideale Übersicht über alle geladenen sowie die aktuell verwendete Pinselspitze. Die erweiterte Ansicht erreichen Sie über den Pfeil in der oberen rechten Ecke. Hier können Sie nun *Formeigenschaften* sowie *Streuung*, *Struktur* und viele weitere Eigenschaften an Ihren Pinselspitzen verändern. Wenn Sie ein Grafiktablett verwenden, finden Sie ebenfalls die Möglichkeit, *Drucksimulation* und *Neigungswinkel* von digitalen Stiften zu simulieren.

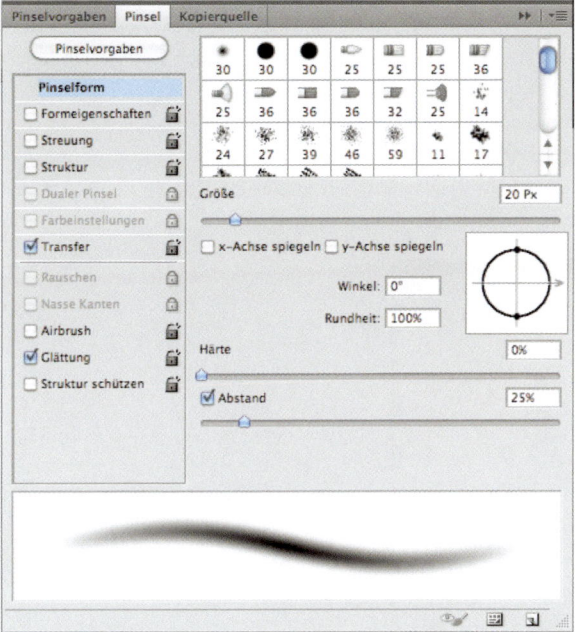

Protokoll

Das *Protokoll* gibt Ihnen Aufschluss über Ihre letzten Arbeitsschritte. Sie können hier verschiedene Bearbeitungsschritte rückgängig machen oder nur temporär ausblenden. Darüber hinaus haben Sie die Möglichkeit, einen Schnappschuss Ihrer aktuellen Ansicht zu erstellen. Damit sichern Sie sich das aktuelle Bearbeitungsstadium.

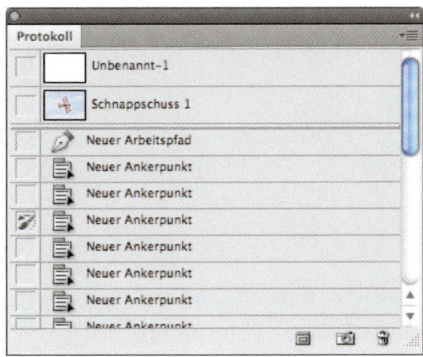

Stile

Das *Stile*-Bedienfeld zeigt Ihnen eine Übersicht über Ihre verfügbaren Ebenenstile. Per Klick können Sie diese auf die aktuell ausgewählte Ebene übertragen. Ebenso besteht die Möglichkeit, Ebeneneffekte der ausgewählten Ebene als neuen Stil hinzuzufügen. Über die erweiterten Optionen können Sie Stile nach Kategorien laden oder ein Stile-Set abspeichern.

Insbesondere für plastische Buttons und Bilderrahmen ist die *Stile*-Palette eine ideale Lösung, um sich eine individuelle Bibliothek mit Grafikstilen zusammenzustellen. Denken Sie auch daran, die in diesem Buch erlernten Methoden bei Bedarf als Stil zu speichern, um sich in Zukunft die Arbeit zu sparen.

Werkzeugvorgaben

Die *Werkzeugvorgaben* geben Ihnen Aufschluss über die Einstellungen des aktuell ausgewählten Werkzeugs. Alternativ erhalten Sie eine Liste aller Werkzeuge, dafür mit weniger detaillierten Informationen.

Zeichen

Das *Zeichen*-Bedienfeld ist wie das *Absatz*-Bedienfeld ein Hilfsmittel zum Bearbeiten von Texten. Hier haben Sie nun die Möglichkeit, Schriftgröße, -art und -farbe sowie Schriftschnitte und diverse weitere Einstellungen festzulegen – ein sehr wichtiges und häufig verwendetes Fenster.

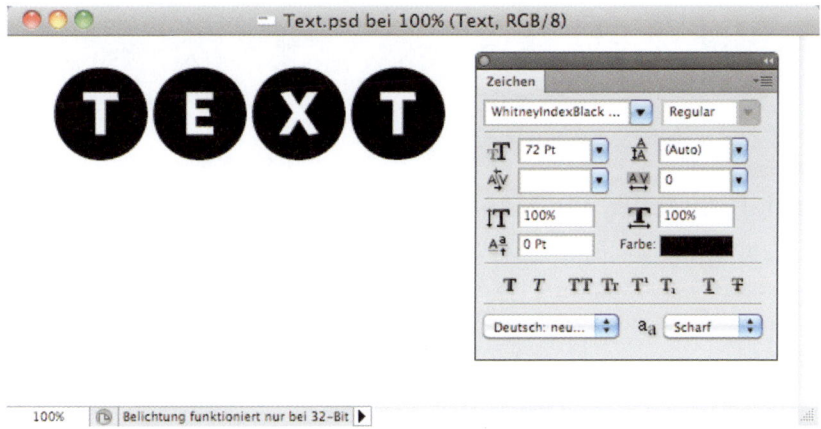

Anwendungsrahmen

Der Anwendungsrahmen wurde bereits in Photoshop CS4 neu integriert und fasst insbesondere auf dem Mac alle Bedienfelder, Paletten und Arbeitsflächen in einem Programmfenster zusammen. Sollten Sie auf dem Mac die bekannten schwebenden Fenster bevorzugen, können Sie den Anwendungsrahmen selbstverständlich deaktivieren.

Anwendungsleiste

Die Anwendungsleiste befindet sich am oberen Bildschirmrand oberhalb der Optionsleiste und beinhaltet Funktionen zur Steuerung des Programms, wie Hilfsmittel oder verschiedene Bildschirmmodi.

Optionsleiste

Hierüber können Sie die horizontale Optionsleiste am oberen Bildschirmrand ein- oder ausblenden. Je nachdem, welches Werkzeug Sie aktiviert haben, lässt die Werkzeugpalette unterschiedliche Einstellungen zu.

Werkzeuge

Diese Option blendet die für gewöhnlich links ausgerichtete Werkzeugpalette ein oder aus.

!
■

FENSTER UND PALETTEN GRUPPIEREN ◄

Ein wichtiger Aspekt effektiven Arbeitens ist ein in sich schlüssiger Arbeitsbereich.
Sie haben ja bereits alle zur Verfügung stehenden Bedienfelder und Werkzeuge
kennengelernt. Öffnen Sie zunächst alle für Sie relevanten Fenster. Per Drag and
Drop können Sie nun Bedienfelder miteinander gruppieren, aneinander ausrichten
und die Dimensionen der Palette ändern. Gruppieren Sie ähnliche Fensterinhalte
wie beispielsweise *Ebenen* und *Pfade*, *Farbe* und *Farbfelder* oder *Zeichen* und *Absatz*.
Somit sparen Sie letztendlich wertvolle Zeit bei der Produktion Ihres Layouts ein.

Tastaturbefehle und Menüs

Wenn Sie bestimmte Funktionen häufig verwenden, haben Sie im Dialogfeld *Tas-taturbefehle und Menüs* unter *Fenster/Arbeitsbereich/Tastaturbefehle und Menüs* die
Möglichkeit, individuelle Tastenkombinationen (auch Shortcuts genannt) zu ver-geben.
Wählen Sie zunächst das Register *Tastaturbefehle* aus der oberen Tab-Navigation
aus. Anschließend suchen Sie die gewünschte Funktion aus der Liste aus und verge-ben einen neuen Tastaturbefehl. Hier können Sie übrigens auch vordefinierte Tas-taturbefehle nachschlagen. Ich empfehle Ihnen jedoch nur eingeschränkt die Ver-gabe von individuellen Shortcuts. Vor allem wenn Sie auch an fremden Computern
arbeiten müssen, bremsen selbst vergebene Tastaturkürzel mitunter den Workflow
deutlich aus.
Wie auch aus anderen Programmen oder Betriebssystemen bekannt, können Sie
fast alle Menüpunkte von Photoshop CS5 farblich etikettieren; in diesem Fall wäh-len Sie den Punkt *Menüs*. Anschließend wählen Sie den zu etikettierenden Menü-punkt aus und markieren rechts über ein Drop-down-Menü die gewünschte Farbe.
Über das Augensymbol können Sie nicht benötigte Programmfunktionen vollstän-dig ausblenden.

Dokumentfenster optimal anordnen

Unter *Fenster/Anordnen* haben Sie in Photoshop CS5 neue Möglichkeiten, Ihren
Arbeitsbereich zu gestalten. Sie können wählen, ob alle geöffneten Dateien über-lappend angeordnet werden sollen oder ob Sie alle Ansichten vollständig neben-einander ausrichten möchten. Darüber hinaus können Sie entscheiden, ob Sie Ihre
Dateien in schwebenden Fenstern oder lieber in Registerkarten (Tabs) organisieren
wollen. Unterhalb der Funktionen zur Organisation Ihrer geöffneten Dokumente
finden Sie einige Optionen zur synchronen Darstellung geöffneter Dateien.

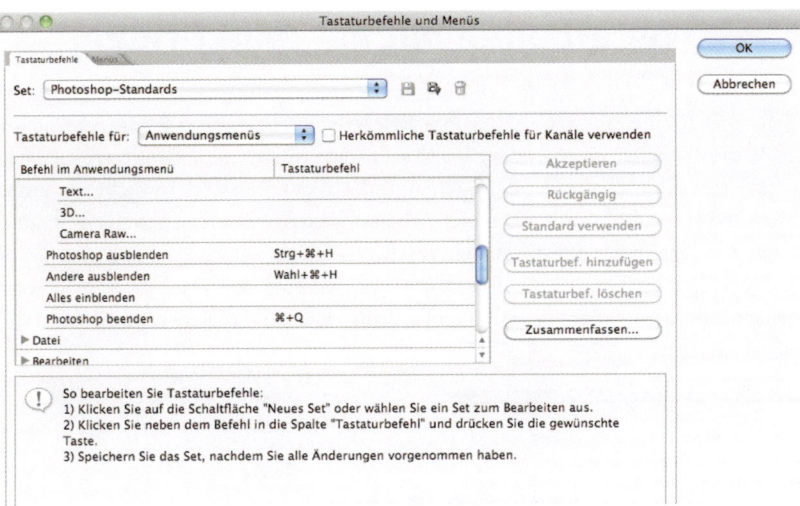

Auf der Registerkarte *Tastaturbefehle* können Sie Shortcuts nachlesen oder selbst individuelle Tastenkombinationen festlegen. Über die zweite Registerkarte *Menüs* können Sie einzelne Menüpunkte ausblenden oder farblich etikettieren.

Die geöffnete Originaldatei und zwei Kopien, die als Registerkarten im Dokumentfenster eingefügt werden.

Effektiver arbeiten mit der Mini Bridge

Mehr als nur eine Ergänzung zu Adobe Bridge ist die neue Mini Bridge, die Sie unter *Fenster/Erweiterungen* finden. Die Mini Brigde ist ein in die Benutzeroberfläche integrierter Bildbrowser, der das Suchen und Ablegen von Bildern nicht nur einfacher macht, sondern auch wertvolle Arbeitsspeicherressourcen spart – mit spürbaren Auswirkungen auf die Arbeitsgeschwindigkeit von Photoshop. Auch wenn das Speichermanagement von Photoshop optimal eingestellt ist, macht es sich auf Dauer schon bemerkbar, wenn die große Bridge und andere Anwendungen parallel ausgeführt werden.

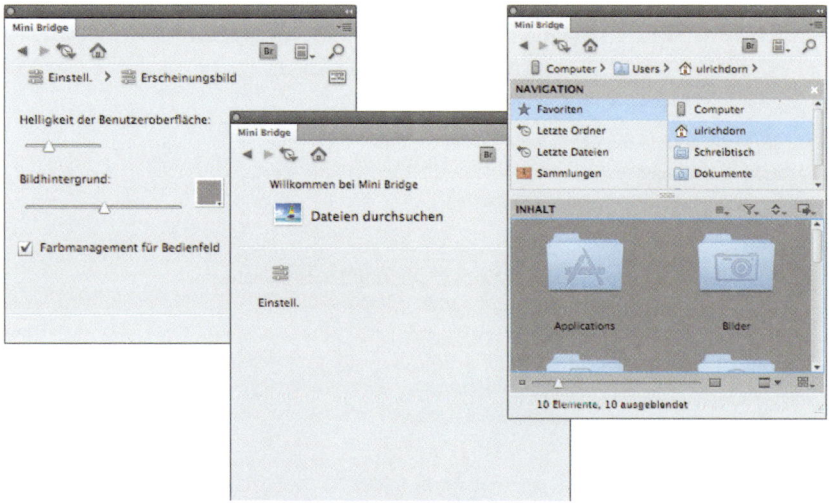

Passen Sie das Erscheinungsbild des Bedienfelds **Mini Bridge** an und starten Sie die **NAVIGATION** mit Klick auf **Dateien durchsuchen**.

Die jeweils gewünschte Bildschirmansicht sowie die Größe der Bilder stellen Sie mit den Bedienelementen in der unteren Bearbeitungsleiste der Mini Bridge ein.

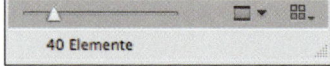

Einstellen der Größe, Vorschau und Ansichtsmodi.

In der oberen Bearbeitungsleiste *INHALT* stehen Auswahl-, Bewertungs- und Sortierfunktionen zur Verfügung. Mit dem Symbol rechts außen öffnen Sie ein Popup-Menü mit Funktionen wie *Stapelverarbeitung*, *Bildprozessor*, *Zu HDR Pro zusammenfügen* und *Photomerge* für Panoramabilder.

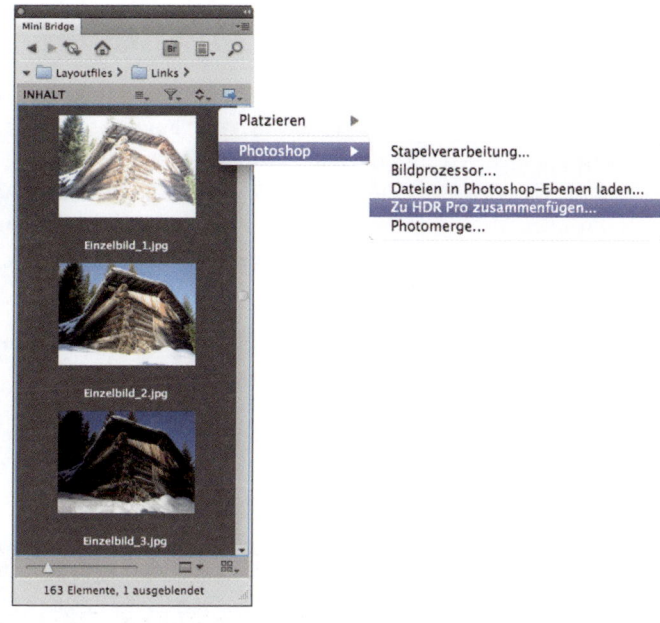

Bilder auswählen im Bedienfeld *Mini Bridge* und weiterführende
Photoshop-Funktionen im Pop-up-Menü *Extras*.

2 Freistellen und maskieren

Wie kann ich mein Bildmotiv vom Hintergrund trennen? Mit welcher Methode kann ich einzelne Bereiche in meinem Bild am besten auswählen und bearbeiten? Wie montiere ich einzelne Bildteile in ein anderes Bild? Der Generationenwechsel in der Maskierungstechnik von Objekten hält in Photoshop CS5 endlich den lang ersehnten Einzug. Je nach Motiv und der erforderlichen Genauigkeit ist die eine oder andere Vorgehensweise von Vorteil.

Arbeiten mit Auswahlen und Masken

Im Zusammenspiel mit dem *Schnellauswahlwerkzeug* und dem Befehl *Kante verbessern* erstellen Sie mühelos perfekte Abdeckmasken. Die folgenden Workshops machen Sie Schritt für Schritt mit der neuen Freistelltechnik von Adobe vertraut.

Vorher: Das Schloss von Aranjuez steht mit seinen Gärten und der Stadt auf der Liste des UNESCO-Welterbes. Die prächtigen Marmorstatuen im Barockpark sind dem zeitlichen Verfall aber leider schutzlos ausgeliefert.

Nachher: Apollo aus seiner grünen Umgebung isoliert und mit einem virtuellen Hintergrund versehen. Digital mit wenigen Klicks restauriert und freigestellt, bietet er seine Schönheit dem Betrachter dar.

Erstellen einer einfachen Auswahl

Mit einem Werkzeug Ihrer Wahl, hier dem *Schnellauswahlwerkzeug*, erstellen Sie eine einfache Auswahl des Objekts.

> **TIPP ◄**
>
> Mit dem Schnellauswahlwerkzeug und einer harten Pinselkante erzielen Sie die besten Ergebnisse. Wenn Sie mit einem Grafiktablett arbeiten, können Sie die Pinselgröße drucksensitiv verändern, wenn die untere Listenauswahl entsprechend angewählt wird.

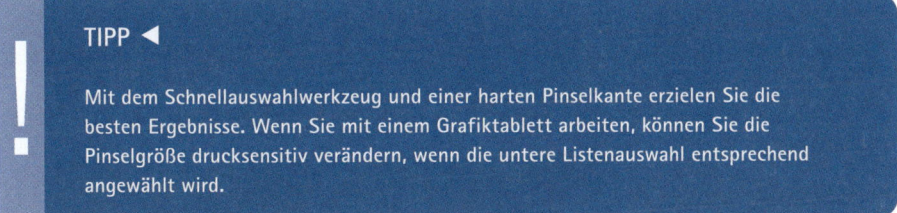

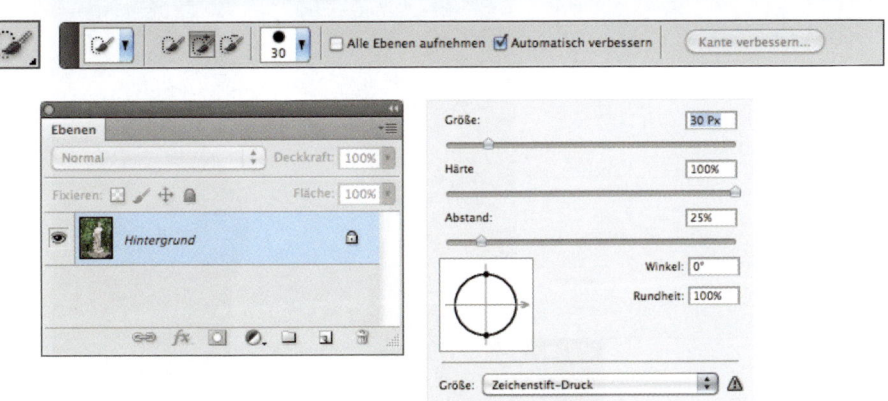

Verändern Sie die Bildschirmansicht auf *100 %* – [Befehlstaste]+[0] – und fahren Sie die Auswahlkante ab. Wenn Sie Bereiche entdecken, die nicht mit in die Auswahl einbezogen sind, lassen sich diese schnell durch hinzufügendes Übermalen integrieren. Passen Sie dazu die Auswahlgröße des *Schnellauswahlwerkzeugs* an. Mit einer kleineren Größe wird auch die Abtastautomatik feiner.

Tastenbezeichnungen: Alle in diesem Buch aufgeführten Tastenbezeichnungen gelten für Mac und Windows, bis auf eine Ausnahme: Windows-Anwender drücken anstatt [Befehlstaste] die [Strg]-Taste.

> **TIPP ◄**
>
> Durch Gedrückthalten der [Alt]-Taste wird temporär der Subtraktionsmodus aktiviert. Natürlich kann es je nach Motiv einfacher sein, nicht das Objekt, sondern den Hintergrund auszuwählen und die Auswahl später zu invertieren.

Hinzufügen einer Pixelmaske

Erfahrene Photoshopper wissen, dass einer Hintergrundebene keine Maske zugewiesen werden kann. Eigentlich muss diese erst in eine normale Ebene umgewandelt werden. Photoshop zielt darauf ab, Ihnen den Workflow einfacher zu gestalten.
Aktivieren Sie im *Masken*-Bedienfeld den Schalter *Pixelmaske hinzufügen*. In einem
Arbeitsaufwand wird die Hintergrundebene umbenannt, und die aktive Auswahl
wird zur Abmaskierung benutzt. Mit der Schaltfläche *Umkehren* wird die Maskierung gegebenenfalls invertiert.

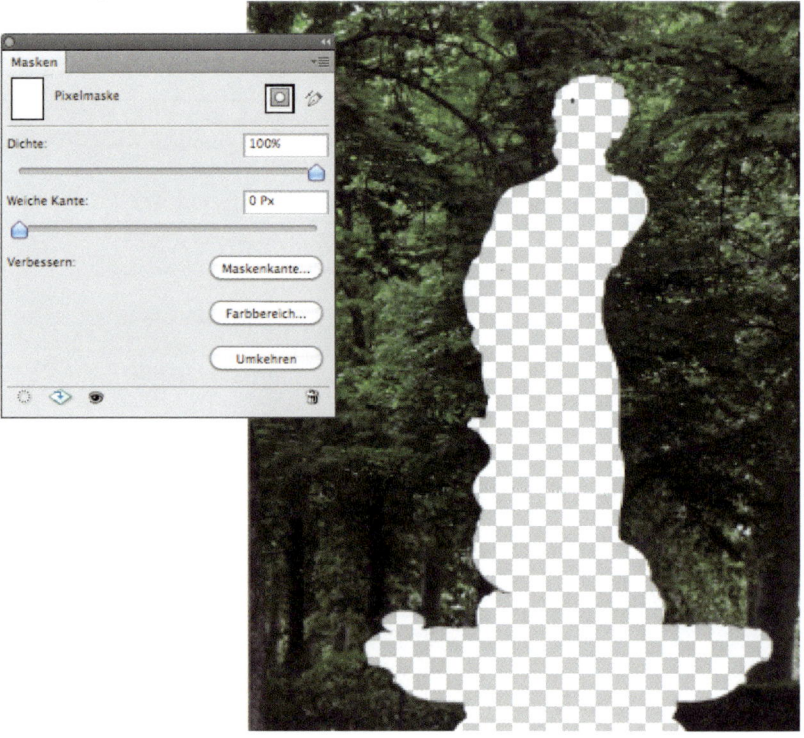

Im Maskensymbol der Ebene stehen die schwarzen Bereiche für die unsichtbaren,
nicht ausgewählten Bildbereiche. Weiße Flächen zeigen die unmaskierten Bereiche.
Der Computer kann ja nicht erahnen, was Sie bearbeiten möchten – das Bild oder
die Maske. Wenn Sie z. B. die Maske nachbearbeiten möchten, achten Sie darauf,
dass um das Maskensymbol ein Rahmen erkennbar ist. Durch Anklicken des Sym-
bols wählen Sie den zu bearbeitenden Bereich aus.

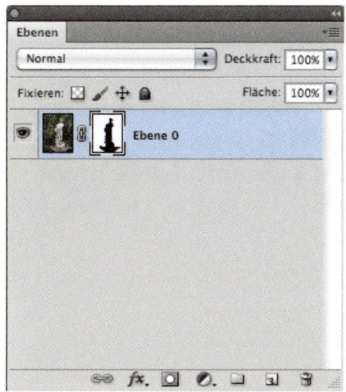

Farbflächen nachträglich schnell ändern

Natürlich können Sie auch eine Pixelebene erstellen und diese mit einer Farbe füllen. Sie bewahren sich aber einen schnelleren Zugriff auf eine nachträgliche Farbänderung, wenn Sie eine Einstellungsebene vom Typ *Farbfläche* erstellen. In diesem Beispiel haben wir den Hexadezimalfarbwert *#330000* gewählt.

Persönlich empfinde ich einen zarten Verlauf etwas angenehmer und habe in der Abbildung eine Verlaufsfüllung von *#330000* nach *#440000* eingefügt.

Feintuning der Maskeneinstellungen

Das Dialogfeld zum Verfeinern der Maske öffnen Sie über die Schaltfläche *Masken-kante* im Bedienfeld *Masken*. Wählen Sie zuerst Ihren *Ansichtsmodus*. Es stehen mehrere Varianten zur Auswahl, die Sie mit der [F]-Taste schnell durchscrollen können. Für die einfache Optimierung von glatten Kanten bietet sich ein schwarzer Hintergrund an.

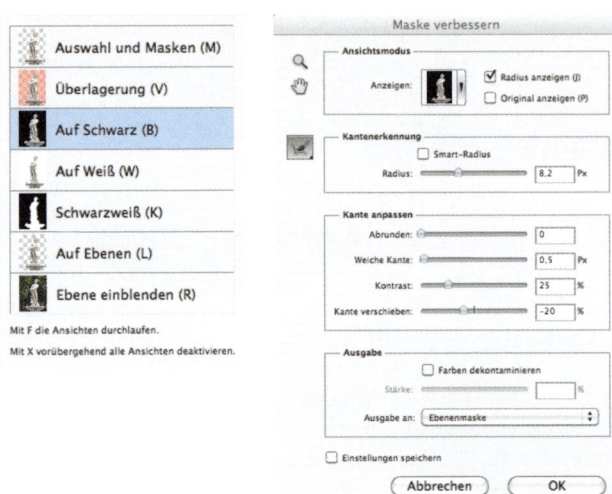

Alle Einstellwerte sollten zu Beginn *0* anzeigen. Erhöhen Sie als Erstes nur den Wert für *Radius*. Durch Aktivierung des Kontrollfelds *Radius anzeigen (J)* wird der eingestellte Kantenradius angezeigt.

Die folgenden Einstellungen basieren auf einer Technik von Russell Preston Brown: Geben Sie einen Radius von ca. *8 Px* an. Den Kontrast heben Sie um ca. *25 %* an, und den Regler *Kante verschieben* setzen Sie zum Verkleinern auf *-20 %*. Für dieses Bild wurde die Auswahl noch ganz leicht um einen Pixelwert geglättet und die Auswahlkante um *0,5 Px* weicher gemacht.

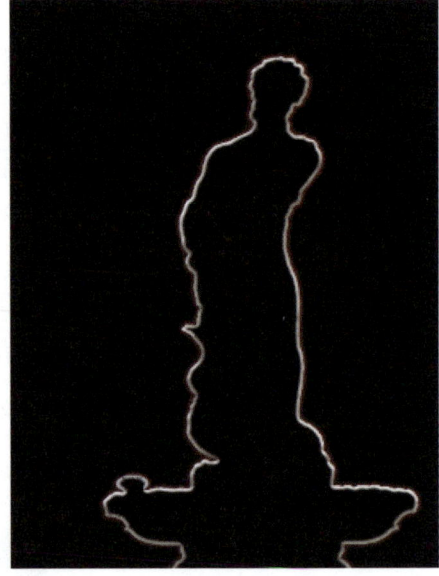

Links: Die rauen Auswahlkanten sind deutlich zu erkennen. Auch einige Blitzer sind unschwer auszumachen. Rechts: Durch das Absoften und Reduzieren der Auswahlkante bekommen Sie eine optimale Freistellkante.

Retuschearbeiten non-destruktiv überlagern

Mit einer neuen leeren *Retusche*-Ebene im *Ebenen*-Bedienfeld überlagern Sie die Retuschearbeiten am Objekt non-destruktiv. Schalten Sie dazu in der Optionsleiste der Retuschewerkzeuge den Funktionsbereich auf *Alle Ebenen* um.

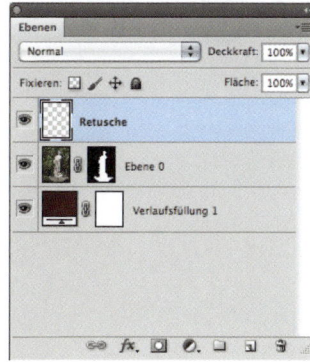

Exakte Freisteller vor unruhigem Hintergrund

Exakte Freisteller gehören zu den schwierigeren Aufgaben in Photoshop, vor allem dann, wenn das freizustellende Objekt vor einem unruhigen Hintergrund steht oder wenn feine Haare die Auswahlerstellung erschweren. *Kante verbessern* heißt die neue Funktion, mit der jetzt auch weniger geübte Anwender perfekte Freisteller erzeugen können.

In diesem Beispiel wird das Model vom Studiohintergrund gelöst und auf einen morbiden Betonhintergrund gestellt.

Möchten Sie eine Person vor/auf einem neuen Hintergrund platzieren, öffnen Sie zuerst das Bild mit dem neuen Hintergrund und danach das Personenfoto, das dann im Bedienfeld *Ebenen* über der Ebene des Hintergrundbildes liegt. Mit einem der Auswahlwerkzeuge, vorzugsweise dem *Schnellauswahlwerkzeug*, erzeugen Sie einen groben Auswahlbereich rund um das freizustellende Objekt.

Danach rufen Sie im Menü *Auswahl* den Dialog *Kante verbessern* auf. Wichtigste Funktion ist der *Smart-Radius* im Bereich *Kantenerkennung*. Der aktive *Smart-Radius* erkennt automatisch die Beschaffenheit der Objektkanten.

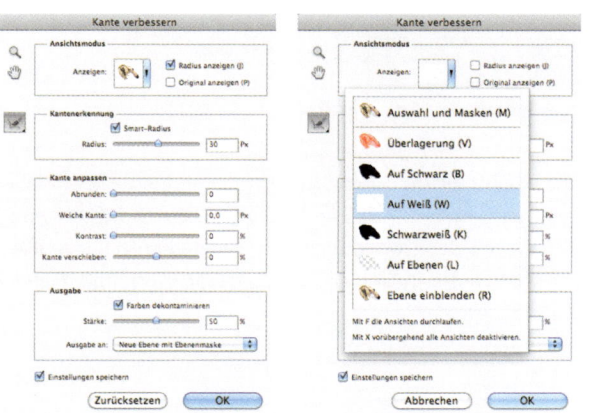

Einstellungen im Dialog **Kante verbessern**. Wichtig ist, im Bereich **Kantenerkennung** die Option **Smart-Radius** zu aktivieren. Die Größe des einzustellenden Radius ist abhängig von der Beschaffenheit der Bildvorlage.

Mit dem Regler *Radius* passen Sie Größe des Auswahlrands an. Soll ausschließlich der Radius angezeigt werden, aktivieren Sie im Bereich *Ansichtsmodus* die Optionen *Radius anzeigen*. Im Pull-down-Menü *Anzeigen* stehen verschiedenen Ansichtsmodi zur Auswahl.

Möchten Sie nur die Auswahlkante sehen, aktivieren Sie im Bereich **Ansichtsmodus** die Option **Radius anzeigen**.

Hierbei werden auch, wie das Beispielbild zeigt, schwierige Haarpassagen mit in die Auswahl einbezogen. Unschöne Blitzer und Farbreste werden mit dem *Radius-verbessern-Werkzeug* und dem *Verfeinerungen-löschen-Werkzeug* korrigiert. Die Größe der Werkzeugspitze stellen Sie in der Optionsleiste ein.

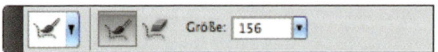

In der Optionsleiste stellen Sie die **Größe** der Werkzeugspitzen ein.

Unschöne Farbränder, die vom ursprünglichen Studiohintergrund übrig geblieben sind, entfernen Sie, indem Sie im Bereich *Ausgabe* die Option *Farben dekontaminieren* einschalten. Beabsichtigen Sie, die Einstellungen für weitere Freisteller zu übernehmen, aktivieren Sie zusätzlich die Option *Einstellungen speichern* und beenden den Dialog mit *OK*.

Das Ergebnis kann sich sehen lassen – das die neue Funktion *Kante verbessern* heute in knapp zehn Minuten hinbekommt ...

Objekt mit einem Alphakanal freistellen

Der Klassiker: Freisteller mit Alphakanal. Sicher wird diese Technik mit den neuen Freistellfunktionen mehr und mehr in Vergessenheit geraten, doch legt sie für die Nachbearbeitung und Optimierung der Masken ein fundiertes Basiswissen.

Vorher: Diese Fashionaufnahme mit vielen fransigen Kanten und Zwischenräumen stellt für die normalen Freistellwerkzeuge eine nahezu unlösbare Aufgabe dar.

Nachher: Freigestellt mit einer Objektsilhouette als Maske, erstellt aus einem der Kanäle. Diese Freistelltechnik ist ein Klassiker im Photoshop-Workflow.

Kanäle öffnen und beurteilen

Die Vorgehensweise für eine freizustellende Person, in diesem Beispiel vor einem gleichfarbigen und kontrastreichen Hintergrund, bleibt immer gleich. Wechseln Sie zunächst zum *Kanäle*-Bedienfeld und suchen Sie den oder die kontrastreichsten Farbkanäle aus.

 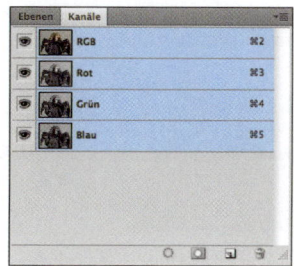

Bei der Beurteilung der einzelnen Graustufenauszüge (von oben nach unten *Rot*, *Grün*, *Blau*) weist der Blaukanal in der Regel den größten Kontrast auf. Achten Sie darauf, dass in den Photoshop-*Voreinstellungen* die Option *Benutzeroberfläche/ Farbauszüge in Farbe anzeigen* deaktiviert sein muss, um die einzelnen Kanäle als Graustufen darzustellen.

Zur Erstellung des neuen Kanals verwenden Sie aus dem Menü *Bild* den Befehl *Kanalberechnungen*. Damit lassen sich ein oder zwei verschiedenen Kanäle miteinander kombinieren. Als kontrastreichste Einstellung erweist sich in diesem Fall die *Füllmethode: Strahlendes Licht*. Das Ziel ist ein neuer Kanal, den das Programm mit *Alpha 1* benennt.

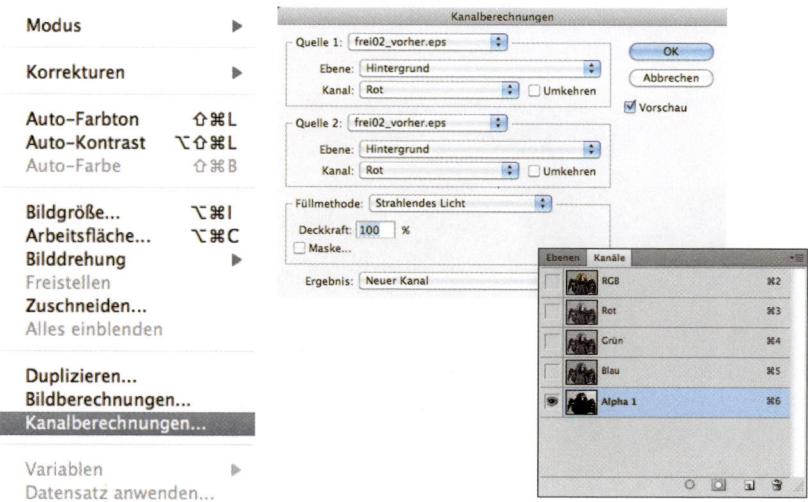

Rotkanal.

Grünkanal.

Blaukanal.

Kontrast des Alpha-Kanals erhöhen

Das Ergebnis ist schon recht vielversprechend, der Hintergrund zeigt aber immer noch kein reines Weiß. Um den Kontrast weiter zu steigern, wählen Sie im Menü *Bild/Korrekturen* den Befehl *Gradationskurven* aus – [Befehlstaste]+[M]. Stellen Sie im Bereich *Ausgabe* die Diagonale an den beiden Endpunkten manuell steiler oder klicken Sie mit der weißen Pipette den Hintergrund an. Passen Sie die Gradationskurve vorsichtig an, ohne dass Ihnen dabei zu viele Details an den Objektkanten verloren gehen.

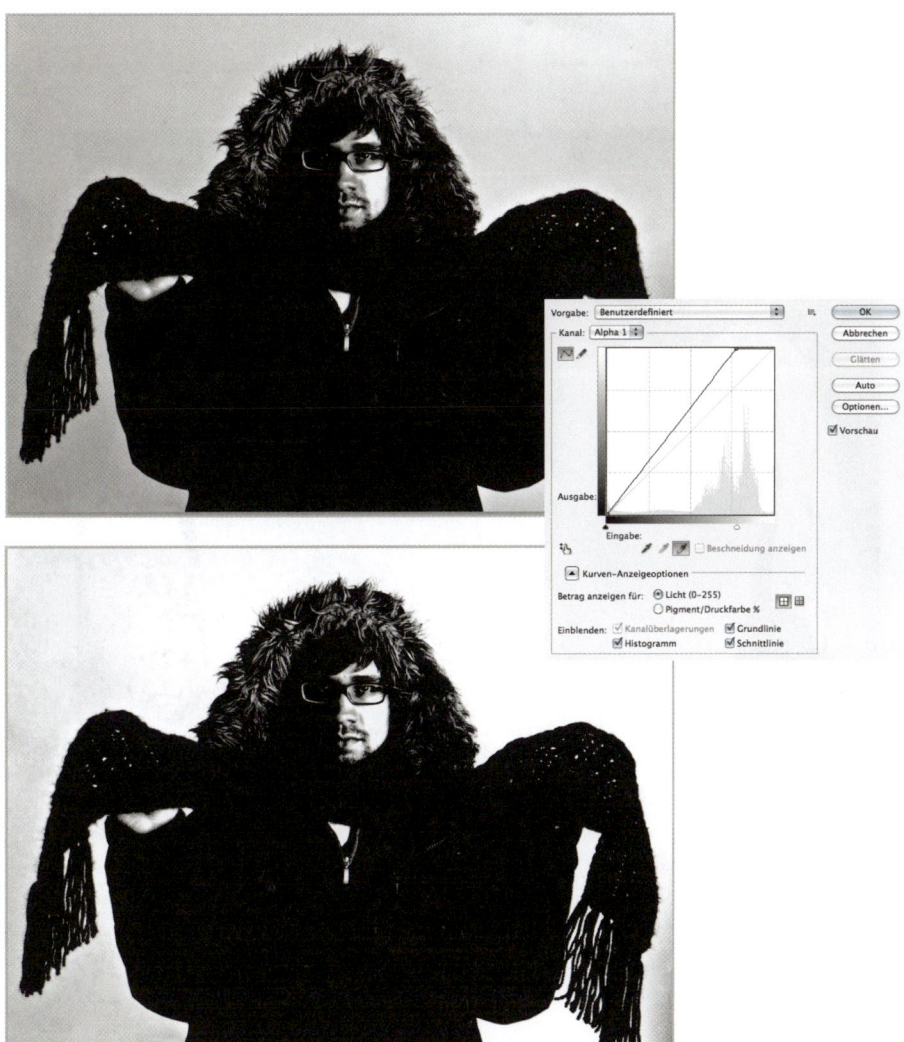

Nachbessern fehlerhafter Bildbereiche

Für die perfekte Maskensilhouette werden verbleibende Fehlstellen mit dem *Pinsel-Werkzeug* nachgebessert. Drücken Sie die Taste [D], damit die Farbeinstellungen im Farbwähler auf die Standardwerte *Schwarz* und *Weiß* zurückgestellt werden. Übermalen Sie im Hintergrund und im Inneren des Objekts die Bereiche, die eindeutig abgedeckt sein sollen. Die Grautöne in den Randbereichen dürfen nicht übermalt werden. Mit dem Befehl *Korrekturen/Umkehren* – [Befehlstaste]+[I] – im Menü *Bild* kehren Sie die Silhouette um.

Mit dem *Nachbelichter-Werkzeug* bessern Sie die Grautöne im Randbereich aus. Beschränken Sie den nachzubessernden Bereich in der Optionsleiste auf die *Tiefen*. Setzen Sie die Intensität der *Belichtung* auf einen Wert um die *20%*. Dann invertieren Sie die Maske, sodass der Hintergrund in Schwarz angezeigt wird, und übermalen Sie die Randbereiche.

Aus dem Alphakanal eine Auswahl erstellen

Erstellen Sie jetzt aus dem Alphakanal eine Auswahl. Drücken Sie auf das gepunktete Kreissymbol *Kanal als Auswahl laden* am unteren Rand des *Kanäle*-Bedienfelds. Mit der aktiven Auswahl können Sie direkt über das *Masken*-Bedienfeld der Hintergrundebene eine Ebenenmaske zuweisen.

Die Hintergrundebene wird automatisch in *Ebene 0* umbenannt, weil eine Hintergrundebene keine Transparenzen enthalten kann. Wenn der abmaskierte Bereich das Objekt beinhaltet, muss die Maske nach dem Laden invertiert werden.

Individuelle Feinanpassungen vornehmen

Mit dem *Verschieben-Werkzeug* ziehen Sie das freigestellte Bild auf ein neues Dokument – die jeweiligen Bildgrößen und deren Auflösung müssen dabei identisch sein –, oder fügen Sie einfach eine neue farbige Verlaufsebene ein. Fallen die Übergänge an einigen Stellen noch zu deutlich aus, überarbeiten Sie diese Maskenbereiche mit dem *Weichzeichner-Werkzeug*.

Ein heller Freistellsaum um das Objekt herum kann auch mit dem Regler *Weiche Kante* im *Masken*-Bedienfeld abgeschwächt werden. Ein besseres Ergebnis aber erzielen Sie mit einem *Ebenenstil*. Öffnen Sie dazu im Menü *Ebene* den Dialog *Ebenenstil* und aktivieren Sie die Fülloption *Schein nach innen*. Die *Füllmethode* im Bereich *Struktur* muss auf *Multiplizieren* stehen. Danach stellen Sie den Regler *Deckkraft* auf *50 %* und im Bereich *Elemente* den Regler *Größe* auf *50 %*.

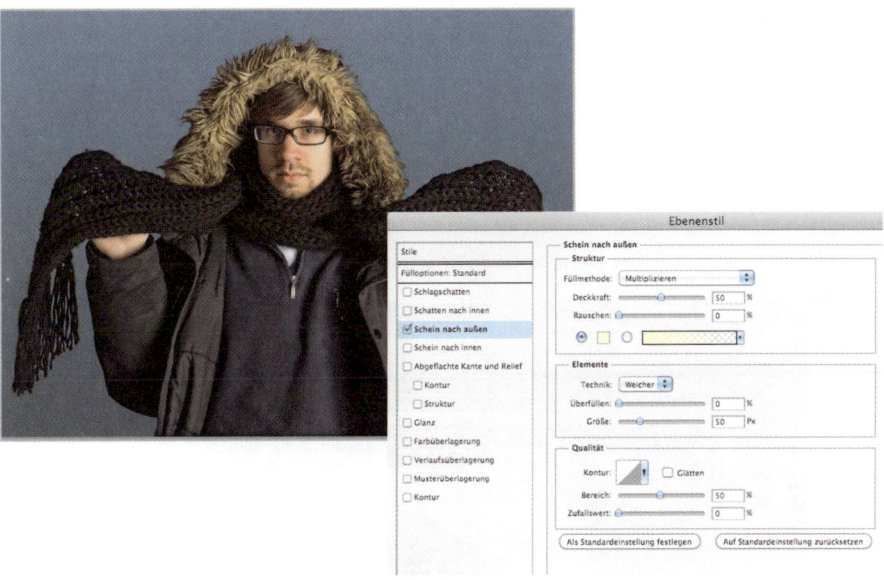

Vorher.

Nachher.

Erstellen präziser Pfadauswahlen

Die neuen Wege zur Freistellung verhelfen Ihnen in kurzer Zeit zu akzeptablen Ergebnissen. Zum Erstellen präziser Auswahlen mit glatten Kanten, insbesondere bei Bildbereichen, die mit anderen Auswahlwerkzeugen nicht problemlos bearbeitet werden können, führt der Weg zum Ziel nur über eine Pfadauswahl. Diese kann zudem abgespeichert werden und ist vielseitig einsetzbar.

Vorher: Das Ausgangsfoto, das Logo einer Automarke, dient als Vorlage für die Erstellung einer perfekten Pfadauswahl. Abspeicherbar, schnell, leicht veränderbar und mit vielseitigen Optionen.

Nachher: Hier sehen Sie ein Beispiel für die vielseitige Anwendung von Pfaden. Nicht nur in Photoshop als Auswahl, sondern auch in Layoutprogrammen wie InDesign kann ein angelegter Pfad hilfreich verwendet werden.

Einstellungen für den Zeichenstift festlegen

Das *Zeichenstift-Werkzeug* ist ein vektorbasiertes Werkzeug und erzeugt sehr viel glattere Umrisslinien als ein pixelbasiertes Werkzeug wie beispielsweise der *Zauberstab*. Der Pfad wird durch Bézierkurven definiert und ermöglicht so exakte Rundungen und ein sehr detailliertes Arbeiten. Pfade werden im *Pfade*-Bedienfeld angezeigt und abgespeichert. Sie sind völlig unabhängig, egal ob Sie auf einer Hintergrundebene oder an einem Smart-Objekt arbeiten. Stellen Sie zunächst die zum Werkzeug gehörenden Optionen ein. Aktivieren Sie das Symbol *Pfade* (zweites Symbol von links).

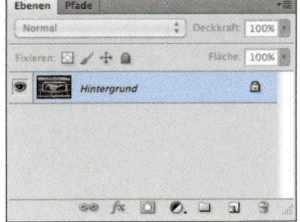

Arbeitspfad zeichnen und bearbeiten

Beginnen Sie mit dem Setzen des ersten Ankerpunkts an einer beliebigen Stelle am Rand des Objekts. Bei dem zweiten Ankerpunkt halten Sie die Maustaste gedrückt und ziehen die Kurve beliebig im Uhrzeigersinn auf. Arbeiten Sie sich so um das Motiv herum und versuchen Sie, nur so viele Ankerpunkte zu setzen, wie unbedingt nötig. Der Sitz der Ankerpunkte wird dann im nächsten Schritt optimiert. Schließen Sie den Pfad, indem Sie auf den ersten Ankerpunkt klicken. Vergessen Sie nicht, die Ausstanzungen des Logos ebenfalls mit Pfaden zu versehen.

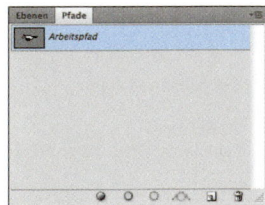

Arbeiten Sie jetzt den Pfad mit dem *Direktauswahl-Werkzeug* nach. Jeder Ankerpunkt kann damit einzeln ausgewählt und neu positioniert werden. Auch die Griff-
linien, durch die der Kurvenradius definiert wird, können damit exakt den Motivkanten angepasst werden.

Wechseln Sie danach zum *Pfadauswahl-Werkzeug*. Achtung: Hiermit kann leicht
ein ganzer Pfad ausgewählt und verschoben werden. Wählen Sie die kleinen Pfade
in den Ausstanzungen an. Ein Pfad ist ausgewählt, wenn Sie alle Ankerpunkte erkennen. Definieren Sie in der Optionsleiste, wie der Inhalt verrechnet werden soll.
Wählen Sie die Option *Vom Pfadbereich subtrahieren (-)*.

Sind Sie mit Ihrer Arbeit zufrieden, sichern Sie den Arbeitspfad im *Pfade*-Bedien-
feld. Den Befehl finden Sie über das Pop-up-Menü oben rechts, oder Sie ziehen mit
gedrückter Maus die *Arbeitspfad*-Ebene auf das Symbol *Neuen Pfad erstellen* im unteren Bereich des Bedienfelds.
Bei Bedarf kann der abgespeicherte Pfad jetzt auch über das Menü des *Pfade*-Bedien-
felds als *Beschneidungspfad* abgespeichert werden. Beim Export der Bilddatei in ein
Seitenlayoutprogramm kann der angelegte Pfad so für weitere Text- und Layout-
anwendungen genutzt werden.

Neuer Pfad...
Pfad duplizieren...
Pfad löschen

Arbeitspfad erstellen...

Auswahl erstellen...
Pfadfläche füllen...
Pfadkontur füllen...

Beschneidungspfad...

Bedienfeldoptionen...

Schließen
Registerkartengruppe schließen

Beschneidungspfad

Pfad: Mustangpfad

Kurvennäherung: 3 Gerätepixel   OK   Abbrechen

Ebenen | Pfade

Mustangpfad

Pfad als Auswahl laden

Möchten Sie Ihren *Pfad als Auswahl laden*, klicken Sie auf das gepunktete Kreissymbol am unteren Rand des *Pfade*-Bedienfelds und wechseln zurück auf das *Ebenen*-Bedienfeld – fertig.

An dieser Stelle möchten wir Ihnen aber gern noch zeigen, wozu ein Pfad ebenfalls geeignet ist. Erstellen Sie im *Ebenen*-Bedienfeld einen *Verlauf* oder eine *Farbfläche*. Sie erhalten eine neue Formebene aus dem erstellten Pfad. Die Farbfüllung dieser Vektorform ist leicht veränderbar, allerdings nur über das Farbsymbol in der *Ebenen*-Palette möglich.

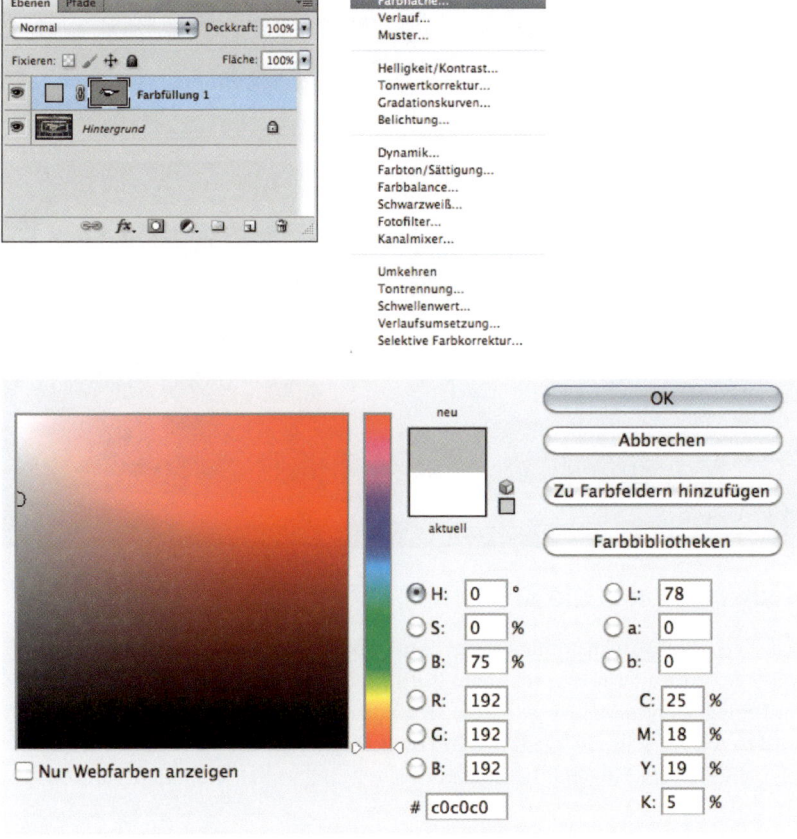

Kontrollieren Sie, ob auch wirklich alle Ausstanzungen der Form berücksichtigt wurden. Nachträgliches Subtrahieren oder Addieren ist mit dem schwarzen *Pfadauswahl-Werkzeug* möglich, indem Sie den betroffenen Pfad anklicken und in der Optionsleiste die Verrechnungsfunktion bestimmen.

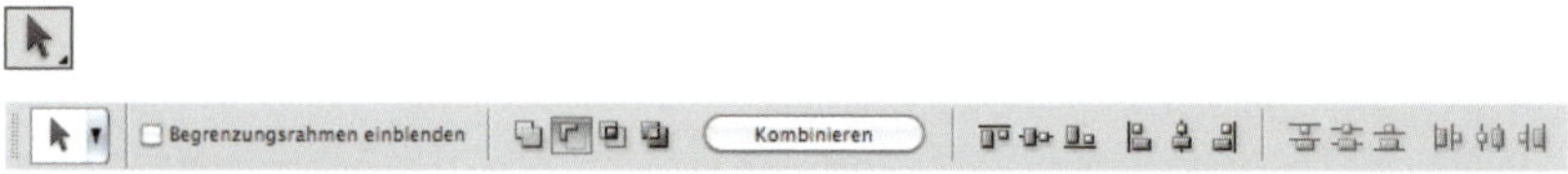

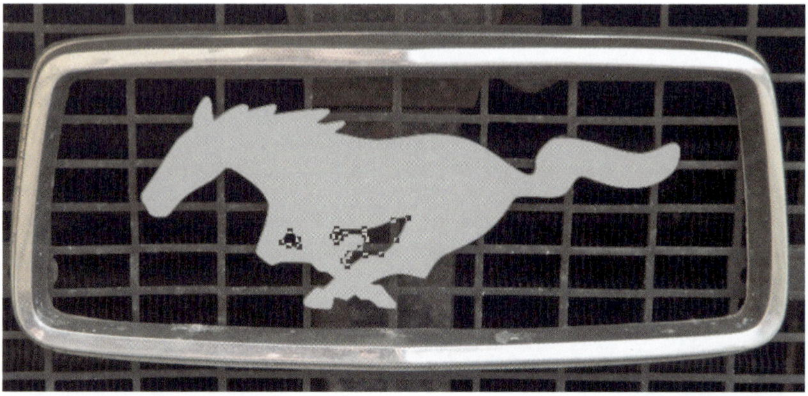

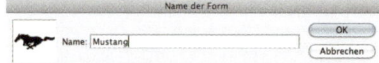

Neue Formen in die Bibliothek aufnehmen

Selbst erstellte Formen können in der Formenbibliothek von Photoshop gespeichert werden. Wählen Sie hierzu im Menü *Bearbeiten* den Befehl *Eigene Form festlegen*. Im Dialog *Name der Form* geben Sie einen passenden Namen ein. Die Vektorform wird durch ein Schwarz-Weiß-Symbol dargestellt. Über *Eigene Formen* können Sie jetzt jederzeit und in jeder beliebigen Größe Ihre Form erneut aufziehen und verwenden.

Am schnellsten öffnen Sie das Dialogfeld *Ebenenstil* mit einem Doppelklick auf eine geöffnete Ebene, der Sie einen Stil zuweisen möchten. Aktivieren Sie ganz oben in der linken Spalte die *Stile*, und es werden Ihnen einige Presets angeboten. Übernehmen Sie den gewünschten Stil mit *OK*, und die einzelnen Stilvorgaben werden im *Ebenen*-Bedienfeld angezeigt.

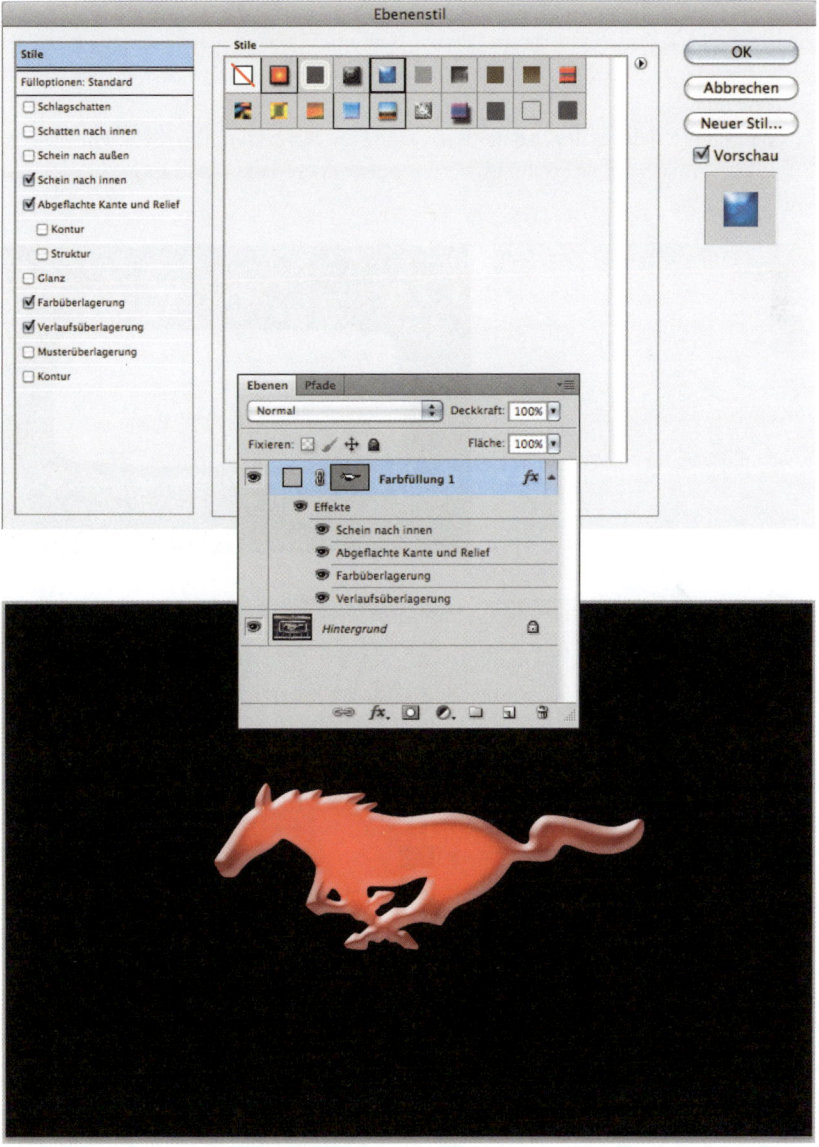

Mit mehreren Pfaden arbeiten

In diesem Beispiel haben wir den Außenrahmen ebenfalls noch mit einem Arbeitspfad versehen. Für jedes Dokument können zwar beliebig viele Pfade erstellt und abgespeichert werden, aber es kann nur ein Beschneidungspfad festgelegt werden. Der Blick in das *Pfade*-Bedienfeld zeigt Ihnen ebenfalls alle im Dokument verwendeten Vektorformbegrenzungen, die ja nichts anderes als Pfade sind, an.

Auch für den Rahmen wurde im *Ebenen*-Bedienfeld eine Formebene angelegt. Die Farbe der Fläche ist nebensächlich und wird über *Fläche 0%* im *Ebenen*-Bedienfeld ausgeblendet.

Mit den Effekten der Stile wird der Formkante ein Neonschein zugewiesen. Weitere Effektkombinationen wie Schlagschatten oder andere laden zum Experimentieren ein.

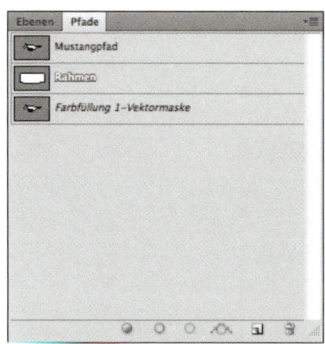

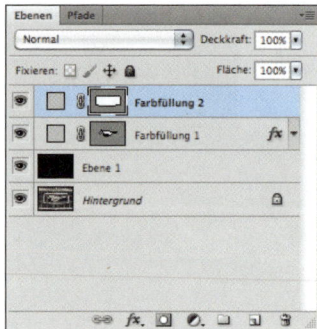

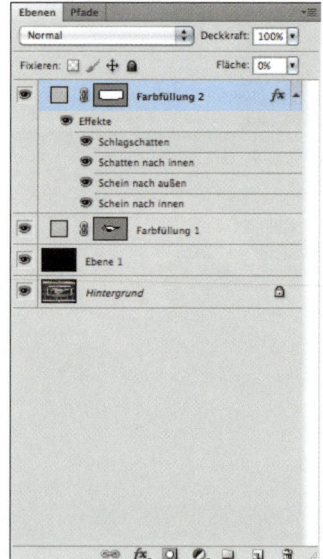

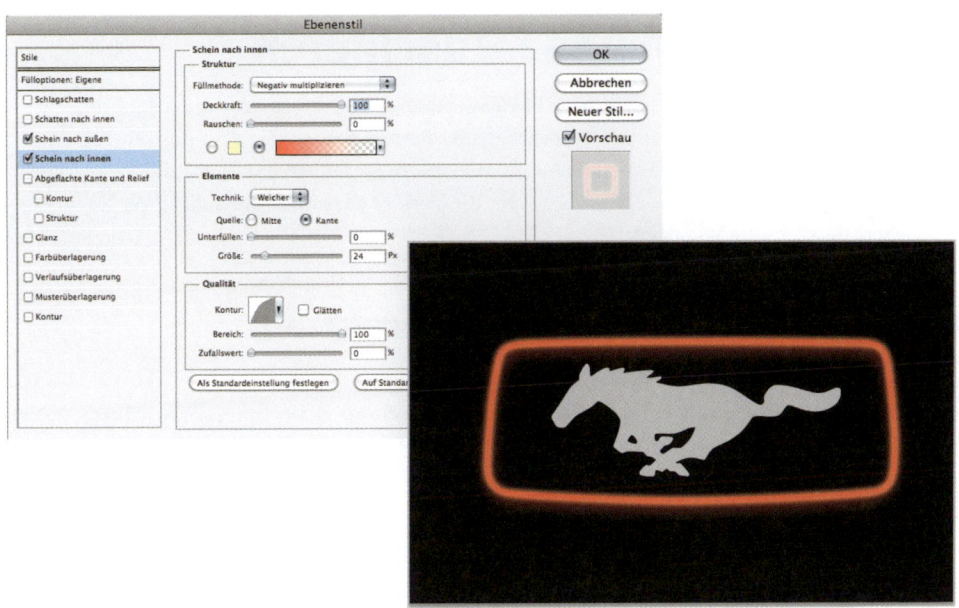

Einen Stil auf andere Ebenen übertragen

Haben Sie einen optimalen Stil gefunden, können Sie ihn leicht auf andere Ebenen übertragen. Verschieben Sie mit gedrückter Maus die Effekte von einer Ebene auf die nächste und halten Sie dabei die [Alt]-Taste gedrückt.

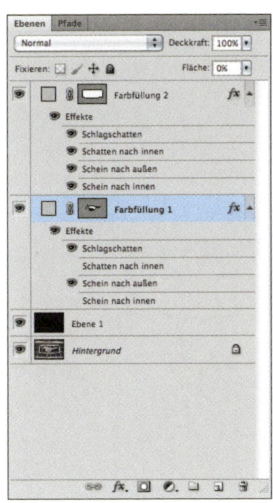

3 Korrigieren und retuschieren

Kaum ein Bild ist technisch so perfekt, dass es nicht noch verbessert werden könnte. Photoshop bietet dazu einige Werkzeuge an, deren Arbeitsweise und Funktionen hier anhand von Beispielen erklärt werden. Denken Sie jedoch daran, mit Bildbearbeitung kann man vieles verbessern, aber die Vorlage (das Bild) muss diese Verbesserung auch ermöglichen.

Größe eines Bildes neu berechnen

Um die Anzeigegröße eines digitalen Bildes am Monitor zu beeinflussen, wird einzig und allein die Anzahl der Pixel in Breite und Höhe des Bildes manipuliert. Eine RAW-Datei von 10 MByte mit 2.832 x 4.256 Pixeln ist somit zu groß, um auf einem Monitor 1:1 (tatsächliche Pixel) dargestellt zu werden. Für eine Webnutzung wird es zudem auch zu lange Ladezeiten beanspruchen. Um das Bild auf ein gewünschtes Ausgabeformat zu interpolieren, öffnen Sie den *Bildgröße*-Dialog.

Für eine Neuberechnung der Bilddaten aktivieren Sie das Kontrollkästchen *Interpolationsverfahren*. Jetzt können Sie entweder im oberen Bereich die neue Größe Ihres Fotos eingeben oder im unteren Bereich das gewünschte Ausgabeformat angeben. Im Bereich *Dokumentgröße* wird die tatsächliche Größe Ihres Bildes angegeben. Der Punkt *Auflösung* bezeichnet dabei, wie fein ein Bild aufgebaut ist.

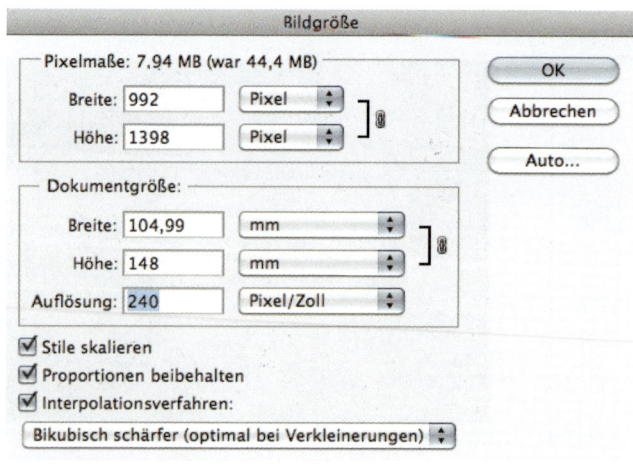

Durch die Veränderung der Pixelmaße berechnet Photoshop nach der Bestätigung des Dialogs die Bildgröße neu. Dabei werden einzelne Pixel, wenn Sie Ihr Bild verkleinern, zusammengefasst und zu einem neuen Pixel verrechnet. Wie diese Zusammenführung durchgeführt werden soll, kann ganz unten angewählt werden. Standard für digitale Vergrößerungen sind die bikubischen Interpolationen, bei denen gewöhnlich alle acht benachbarten Bildpunkte in die Berechnung eines neuen Pixels mit einfließen.

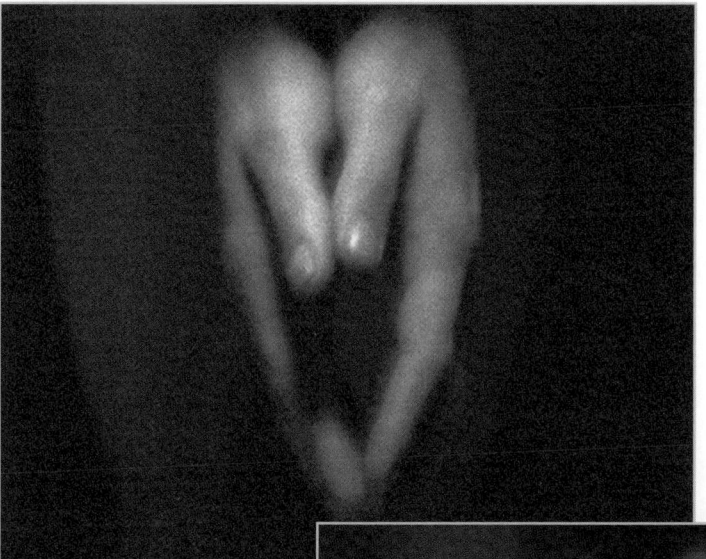

Links: Bildauflösung 72 ppi, rechts: auf 300 ppi hochinterpolierter Bildausschnitt.

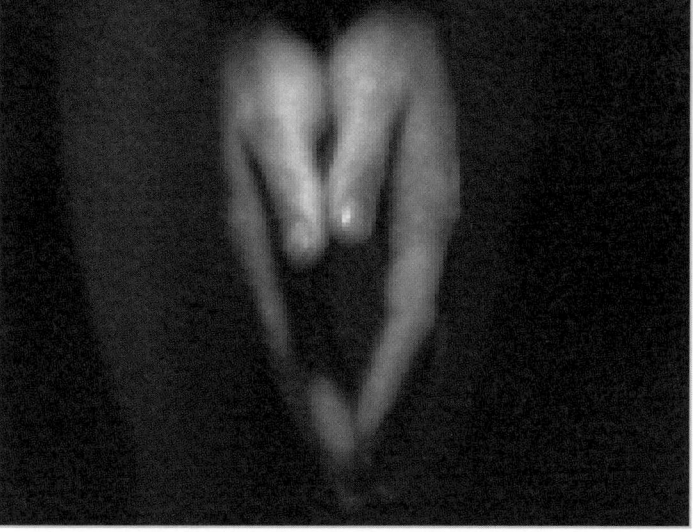

Einen schiefen Horizont begradigen

Wer aus der freien Hand ein Foto schießt, bei dem wird gelegentlich auch mal der Horizont schief werden. Ein unschöner Gestaltungsfehler, den Sie aber leicht und mit wenigen Mausklicks mit Photoshop CS5 korrigieren können.

Vorher: Hier wurde bei der Aufnahme die Kamera verkantet, und der Horizont verläuft nicht mehr waagerecht.

Nachher: Ein gerade verlaufender Horizont, der durch einen angepassten Bildausschnitt noch hervorgehoben wird. Zur weiteren Steigerung der Optik wurde der Kontrast etwas angehoben.

Horizontverlauf mit dem Lineal festlegen

Wählen Sie in der Werkzeugleiste das *Linealwerkzeug* und ziehen Sie damit eine Linie auf, am besten an einer markanten Motivkante, die später waagerecht oder senkrecht verlaufen soll.

In der Optionsleiste zum *Linealwerkzeug* finden Sie, auch neu in Photoshop CS5, eine *Gerade ausrichten*-Schaltfläche, die alle notwendigen Schritte automatisch ausführt. Wieder eine kleine, elegante Arbeitserleichterung, die Zeit einspart.

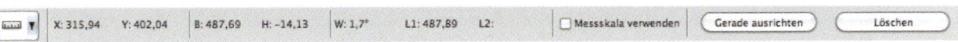

Wenn Sie sich für die im Hintergrund ablaufenden manuellen Arbeitsschritte interessieren:

Im Menü *Bild* finden Sie den Befehl *Arbeitsfläche drehen/Per Eingabe*. Im Dialogfeld *Arbeitsfläche drehen* wurden alle relevanten Eingaben bereits getätigt. Sogar die Drehrichtung, hier *im UZS*, wurde automatisch erkannt. Mit der Bestätigung der geänderten Werte wird Ihr Foto ausgerichtet und die Arbeitsfläche um die notwendige Fläche erweitert.

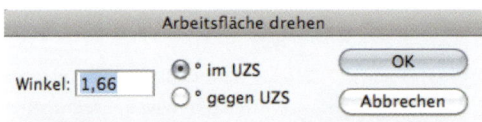

Bildausschnitt festlegen und freistellen

Mit dem *Freistellungswerkzeug* können Sie jetzt den neuen Bildausschnitt festlegen.

> **TIPP ◄**
>
> Für das Zuschneiden in einem bestimmten Seitenverhältnis geben Sie in der Options-
> leiste unter Breite und Höhe Ihre gewünschten Verhältniszahlenwerte ein; das
> Eingabefeld für die Auflösung lassen Sie frei!

Der Vorschaurahmen für den Zuschnitt bleibt jetzt im vorgegebenen Seitenverhält-
nis. Nach dem Zuschnitt müssen Sie die Bildauflösung im Menü *Bild/Bildgröße* für
Ihre Zwecke anpassen. Zuvor deaktivieren Sie noch das Kontrollkästchen für das
Interpolationsverfahren.

Weitere Bildanpassungen vornehmen

Nachdem das Bild für das Kinoformat mit einem Seitenverhältnis von 2:1 angepasst wurde, können weitere Bildbearbeitungsschritte vorgenommen werden. Mit einer Einstellungsebene werden Kontrast und Helligkeit erhöht.

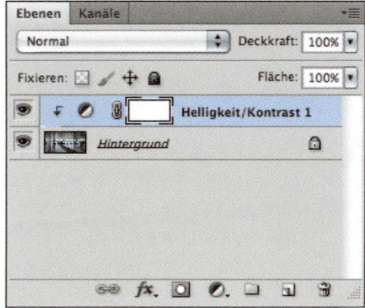

Objekte schnell und einfach umfärben

In diesem Workshop geht es darum, wie die Lackfarbe von einem feuerroten Spiel-
mobil schnell verändert werden kann, aber so, dass es dennoch natürlich aussieht.
Das Augenmerk liegt auf den Farbreflexen in den Anbauteilen. Diese sind nicht
einfach auszuwählen, müssen aber dennoch mitgefärbt werden.

Vorher: Verschiedene Ursachen können
zum Wunsch, die Farbe in einem Bild
zu verändern, führen: Farbfehler durch
falsche Belichtung, mehrere Farbvarian-
ten existieren, aber nur ein Foto – oder
einfach nur die pure Neugier, wie ein
Produkt im neuen Farblook wirkt.

Nachher: Farbveränderungen
wurden durchgeführt, die auch im
Nachhinein das Bild nicht sofort als
manipuliert enttarnen.

Umfärben mit der selektiven Farbkorrektur

Eine sehr schnelle Umfärbetechnik erhalten Sie mit der *Selektiven Farbkorrektur*. Diese als Einstellungsebene angewendet, wirkt non-destruktiv, also nachbearbeitbar. Erzeugen Sie zunächst eine Kopie der Hintergrundebene, nennen Sie sie *Retusche* und konvertieren Sie die Ebene in ein Smart-Objekt. Dann erstellen Sie eine Einstellungsebene *Selektive Farbkorrektur*. Im Bedienfeld *Korrekturen/Sel. Farbkorr.* verändern Sie im unteren Bereich die Verrechnung von *Relativ* auf *Absolut*.

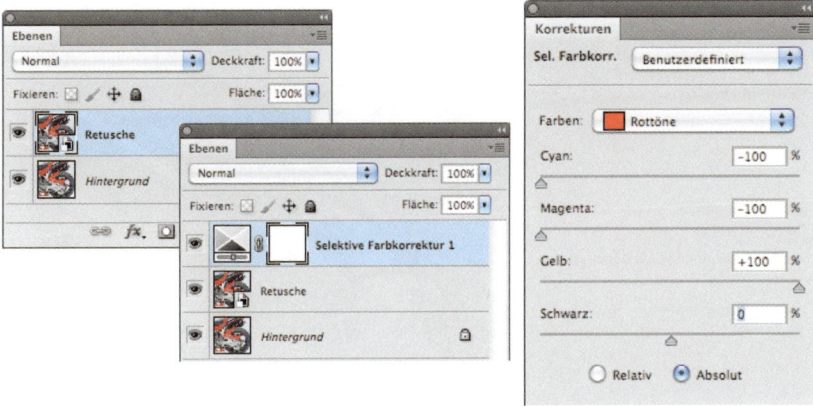

Wenn Sie jetzt im *Korrekturen*-Bedienfeld mit den Farbreglern spielen, werden die Farbbereiche umgefärbt. Bei den roten Anbauteilen wurde nur der Farbbereich der Gelbtöne erhöht, und durch das Absenken der Cyan- und Magenta-Werte wurde die Dunkelrotfärbung erzielt.

Umfärben mit Farbton und Sättigung

Würde es um Speed bei der Umfärbung gehen, käme die nachfolgende Methode
sicherlich auf dem Siegertreppchen ganz nach oben:
Wählen Sie im Bedienfeld *Korrekturen* die Funktion *Farbton/Sättigung*, halten Sie
die [Befehlstaste] gedrückt und setzen Sie den Mauszeiger auf einen gesättigten
Rotton. Durch Ziehen der Maus nach links oder rechts verändern Sie den Farbton.
Reicht das Farbspektrum für die Einfärbung nicht aus, können Sie mit der *Pipette*
mit dem Pluszeichen den Bereich erweitern.

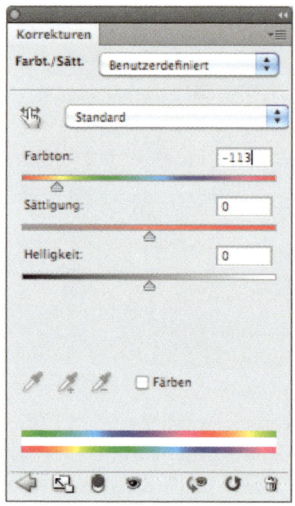 

Bestimmte Farbtöne ersetzen

Eine andere Möglichkeit bietet der *Farbe ersetzen*-Dialog, den Sie über das Menü
Bild/Korrekturen aufrufen. Leider kann dieser Dialog auch in Photoshop CS5 nicht
als Einstellungsebene oder als Smartfilter erstellt werden. Es kann also nicht non-
destruktiv nachbearbeitet werden.
Die Funktion *Farbe ersetzen* maskiert nun bestimmte Bereiche (Schwarz) und lässt
eine bestimmte Farbe frei (Weiß), mit der dann gearbeitet wird. Klicken Sie mit
dem linken *Pipette-Werkzeug* auf die Motorradverkleidung, und zwar dorthin, wo
sehr reines Rot vorherrscht. Wählen Sie dann die *Pipette* mit dem Pluszeichen (*Hinzufügen*) und klicken Sie auf Bereiche der Rotvariationen. Ziehen Sie jetzt den Regler *Farbton* nach links oder nach rechts, um eine andere Farbe zu bestimmen. Wie
Sie sehen, ändert sich die Farbe im Bild. Spielen Sie etwas mit den Farbreglern, bis
Sie den neuen Farblook gefunden haben.

Damit alle Rottöne von der Umfärbung erfasst werden, auch die Hell- und Dunkelschattierungen, ziehen Sie den *Toleranz*-Regler weiter auf und justieren den Einfärbebereich nach.

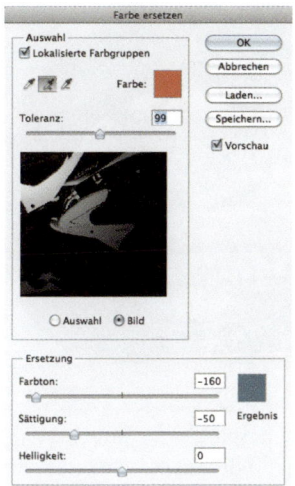

Ein ganzes Bild einfärben

Um ein ganzes Bild mit einer Farbe einzufärben, erstellen Sie die Einstellungsebene *Farbton/Sättigung*. Aktivieren Sie im Bedienfeld *Korrekturen/Farbt./Sätt.* das Feld *Färben*. Das Bild wird jetzt vollständig in einem Farbton eingefärbt, den Sie über den Regler *Farbton* verändern können. Die Farbintensität regeln Sie mit den Reglern *Sättigung* und *Helligkeit*. Natürlich soll diese Färbung nur auf die farbigen Motorradanbauteile wirken, und dazu erstellen Sie im nächsten Schritt eine Maske.

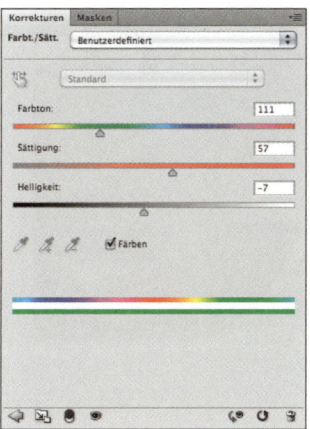

Klicken Sie im Bedienfeld *Masken* auf die Schaltfläche *Farbbereich*. Die Funktionsweise ist hier ähnlich der im Dialogfeld *Farbe ersetzen*. Bestätigen Sie Ihre Auswahl
mit *OK*, und in der Einstellungsebene erhalten Sie die Abdeckmaske. Je besser Sie
den Toleranzbereich bei der Farbwahl eingrenzen konnten, desto professioneller
wird bei dem folgenden Maskentuning die Einfärbung ausfallen.

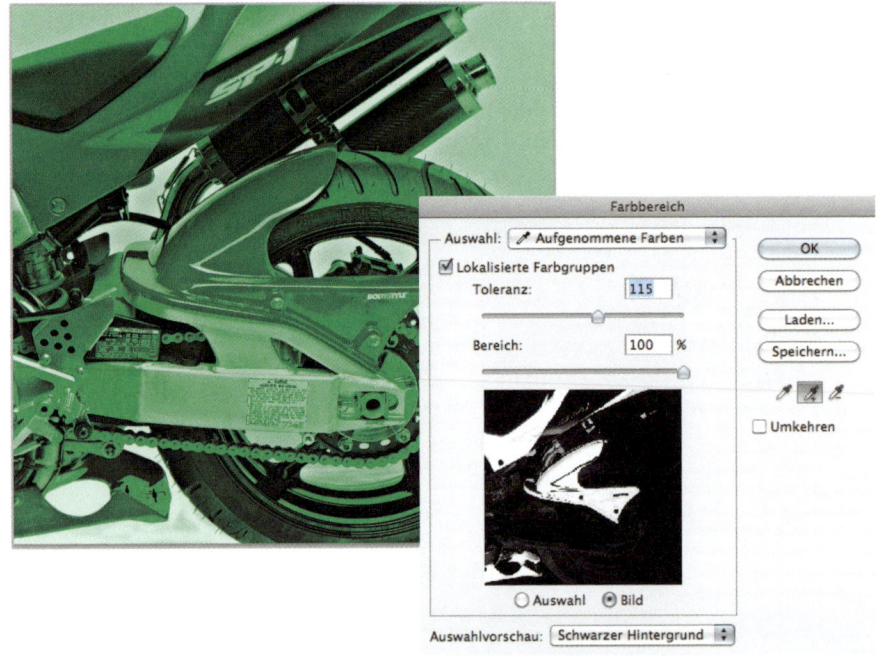

Öffnen Sie im Bedienfeld *Masken* den *Maske verbessern*-Dialog. Die Maske selbst wird ganz leicht abgerundet und minimal mit einer weichen Kante versehen. Die Auswirkungen sind kaum zu sehen, aber wenn Sie den *Kante verschieben*-Regler in den Plusbereich ziehen, werden die leichten Farbstiche der Umfärbung optisch eindrucksvoll korrigiert. Bei hartnäckigen Farbstichen kann die Maske per Dodge-&-Burn-Technik (Abwedeln und Nachbelichten) nachbearbeitet werden.

Die Bildmanipulation ist nicht zu erkennen.

Malen wie auf einer feuchten Leinwand

Was bislang nur mit Plug-ins oder Nischenanwendungen möglich war, geht jetzt auch mit Photoshop – das Mischen von Farben. *Mischpinsel* heißt das neue Werkzeug, das wie ein echter Malpinsel eine oder mehrere Farben aufnehmen kann und damit auf trockenem, feuchtem oder nassem Untergrund malt. Bevor Sie mit dem Malen beginnen, muss ein passender Pinsel und die Füllfarbe ausgewählt werden. Das geschieht in der Optionsleiste des *Mischpinsel-Werkzeugs*.

Das obere Bild zeigt einen unbearbeiteten Sonnenuntergang. Im unteren Bild wurde die Sonne mit einem weichen, kreisrunden, gelben Volltonfarbpinsel mehrmals angeklickt. Die Farbe des **Mischpinsels** mischt sich perfekt mit den Hintergrundfarben.

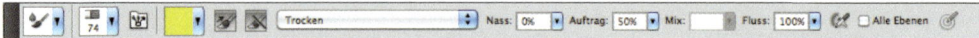

Das neue **Mischpinsel-Werkzeug** mit Optionsleiste.

Weiterhin legen Sie in der Optionsleiste fest, wie sich die mit dem *Mischpinsel* aufgetragene Farbe auf dem Untergrund verhält. Über ein Pop-up-Menü bestimmen Sie die Beschaffenheit des Untergrunds, also *Trocken*, *Feucht*, *Nass* oder *Sehr Nass*, und ob der *Mischpinsel* die Farbe dick oder dünn auftragen soll.

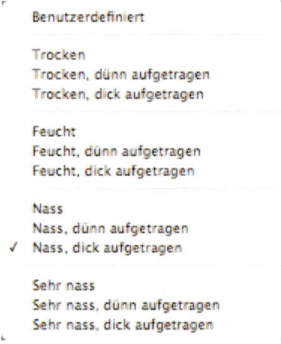

Die Beschaffenheit des Maluntergrunds festlegen.

Sind diese Voreinstellungen abgeschlossen, wird mit dem Pinsel das Bild ausgemalt, hier ein leeres weißes „Blatt".

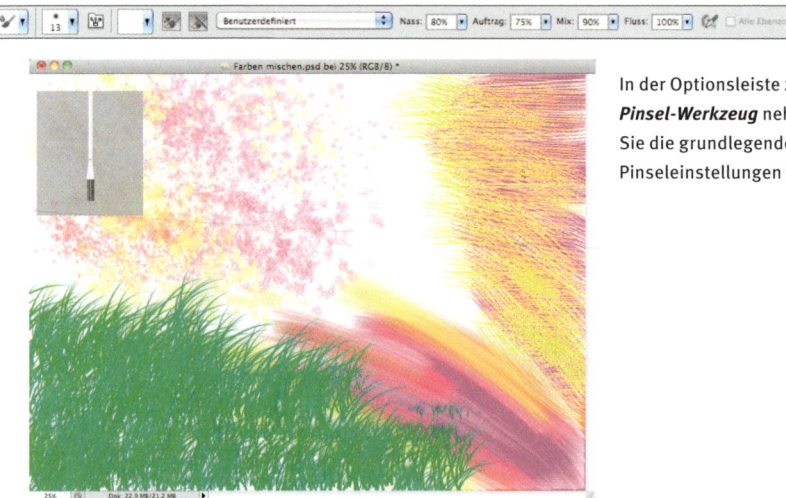

In der Optionsleiste zum **Pinsel-Werkzeug** nehmen Sie die grundlegenden Pinseleinstellungen vor.

Vor der Bearbeitung des Hintergrunds muss der *Mischpinsel* erst einmal gereinigt werden. Mit Klick auf den nach unten zeigenden Pfeil rechts neben dem Farbfeld in der Optionsleiste öffnen Sie ein Drop-down-Menü, in dem Sie den Eintrag *Pinsel reinigen* wählen.

Vor dem Auftragen einer neuen Volltonfarbe wird der Pinsel gereinigt.

Für die großflächige Hintergrundbearbeitung benötigen Sie nun einen Borstenpinsel. Die Borstenstruktur der Pinselspitze und weitere neue Pinseleigenschaften wählen Sie im *Pinsel*-Bedienfeld aus. Über die Optionsleiste des *Mischpinsel-Werkzeugs* rufen Sie das Bedienfeld auf – das dritte Symbol von links.

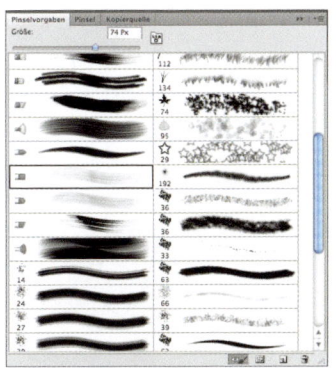 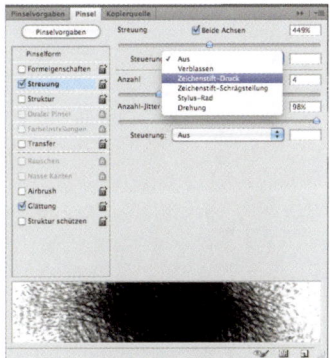

Im **Pinsel**-Bedienfeld stellen Sie die **Pinselvorgaben**, den **Pinsel** und die **Kopierquelle** ein. Der aktuell ausgewählte Pinsel wird während der Bearbeitung im Dokumentfenster angezeigt.

Stört das eingeblendete Borstenpinselsymbol während der Bearbeitung, können Sie es mit einem Klick ausblenden: einfach den Mauszeiger auf das Pinselsymbol führen und auf das kleine *x* in der oberen Symbolleiste klicken.

Der neue *Mischpinsel* überzeugt auf ganzer Linie. Seine volle Leistung entfaltet er aber erst beim Einsatz eines drucksensitiven Stifttabletts, zum Beispiel der Firma Wacom. Dennoch, mit ein wenig Übung lässt sich der *Mischpinsel* für grobe Malarbeiten auch mit der Maus sehr gut einsetzen.

☐ L E S E Z E I C H E N

http://de.shop.wacom.eu/

Wacom Stifttabletts: Auf der Website der Firma Wacom finden Sie eine Auswahl unterschiedlichster Stifttabletts für jeden Einsatzzweck.

Bewegungsabläufe per Formgitter ändern

Die neue Funktion *Formgitter* wurde von Adobe After Effects adaptiert und erweitert die Gruppe der Transformationswerkzeuge. Über ein freigestelltes Objekt oder ein ganzes Bild wird ein Netz bestehend aus einer Vielzahl unterschiedlich großer Dreiecke gelegt. Anschließend werden über das gesamte Netz Anfasserpunkte (Pins) gesetzt, mit denen Sie das Objekt verformen oder dessen Bewegungsabläufe ändern können.

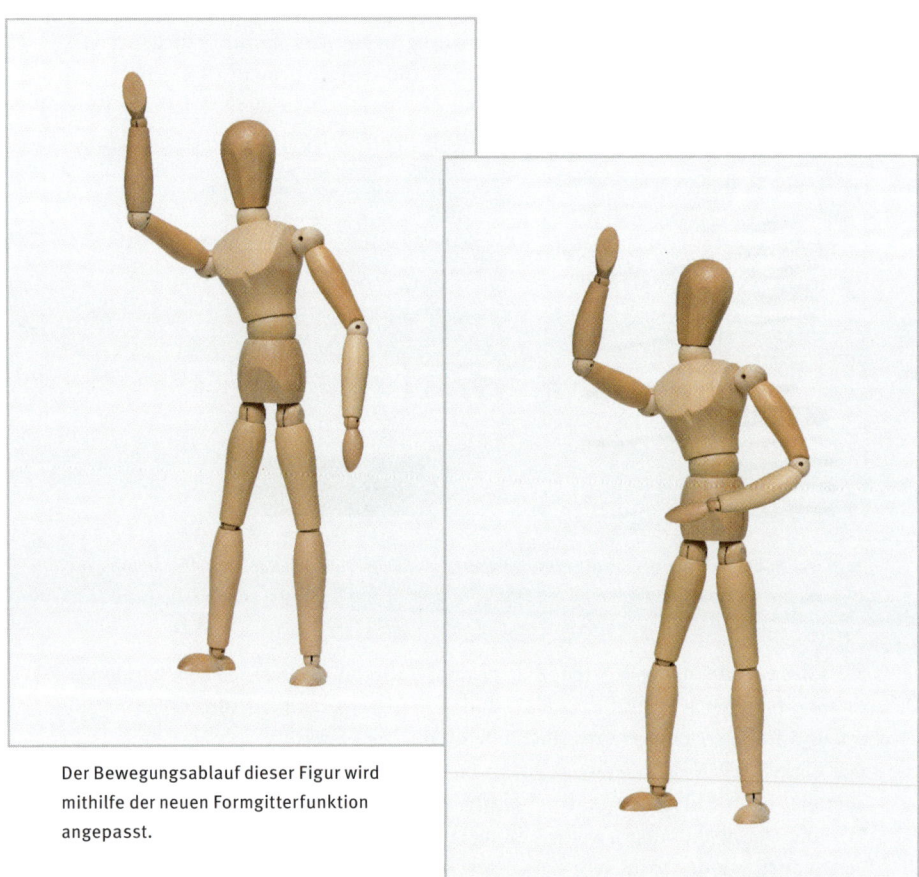

Der Bewegungsablauf dieser Figur wird mithilfe der neuen Formgitterfunktion angepasst.

Die Formgitterfunktion eignet sich am besten für die Bearbeitung freigestellter Objekte. Aber auch vorher fixierte Bildelemente ganzer Bilder können damit bearbeitet werden. Bäume biegen sich im Wind, Bauch, Beine und Po von Personen lassen sich korrigieren und mehr.

Objekt freistellen und mit Formgitter belegen

Zu Beginn der Formgitterbearbeitung wird das zu bearbeitende Objekt freigestellt, hier eine Holzfigur vor hellgrauem Hintergrund. Die freigestellte Figur befindet sich im Bedienfeld *Ebenen* über der Hintergrundebene. Möchten Sie vermeiden, dass das Originalbild durch die Bearbeitung beschädigt wird, konvertieren Sie die Ebene in ein Smart-Objekt.

Öffnen Sie das *Ebenen*-Bedienfeld mit Klick auf das Pfeil-nach-unten-Symbol oben rechts im Bedienfeld.

Im zweiten Schritt legen Sie das Formgitter über die Figur. Erscheint das Netz zu grobmaschig, können Sie die Dichte über die Optionsleiste verstärken. Wählen Sie unter *Dichte* die Option *Mehr Punkte*. Beachten Sie aber: je dichter das Netz, umso höher die Rechenleistung. Soll das Netz die Objektränder überlappen, stellen Sie den Wert im Feld *Ausbreitung* ein, hier *2 Px*.

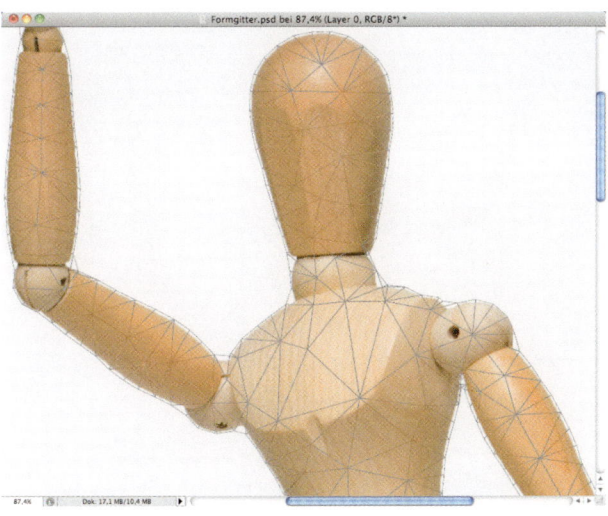

Über das freigestellte Objekt legt sich das Formgitter. Die Beschaffenheit des Formgitters legen Sie mit den Einstellungen in der Optionsleiste fest.

Den Bewegungsablauf mit Pins ändern

Liegt das Formgitter auf dem Objekt, beginnen Sie damit, die Pins zu setzen, mit denen Sie den Bewegungsablauf der Marionette ändern. Mit dem Mauszeiger setzen Sie auf jedes Gelenk der Marionette einen Pin. Aktive Pins erkennen Sie an einem schwarzen Punkt in der Mitte, inaktive Pins sind leer. Schauen wir uns die Funktionsweise der Anfasser näher an.

Setzen Sie einen neuen Pin auf das Ellbogengelenk der Figur und ziehen Sie den Punkt mit gedrückter linker Maustaste. Nichts Wesentliches passiert, die Figur wird nur entsprechend der Mausbewegung im Dokumentfenster neu positioniert.

Setzen Sie einen zweiten Pin auf das Schultergelenk der Figur. Aktivieren Sie danach wieder den Ellbogengelenk-Pin und bewegen Sie bei gedrückt gehaltener linker Maustaste die Maus. Jetzt wird die Figur um den Ellbogengelenkpunkt gedreht.

Um zu erreichen, dass sich nur der Arm bewegt, muss hinter dem Ellbogengelenkpunkt eine Reihe von Stützpunkten gesetzt werden, die bewirken, dass nur das Bildelement um den aktiven Anfasserpunkt bewegt werden kann. Die Stützpunkte heben den Bezug zum dahinterliegenden Formgitter auf. Möchten Sie einen Anfasserpunkt löschen, markieren Sie ihn und drücken die [Entf]-Taste auf der Tastatur.

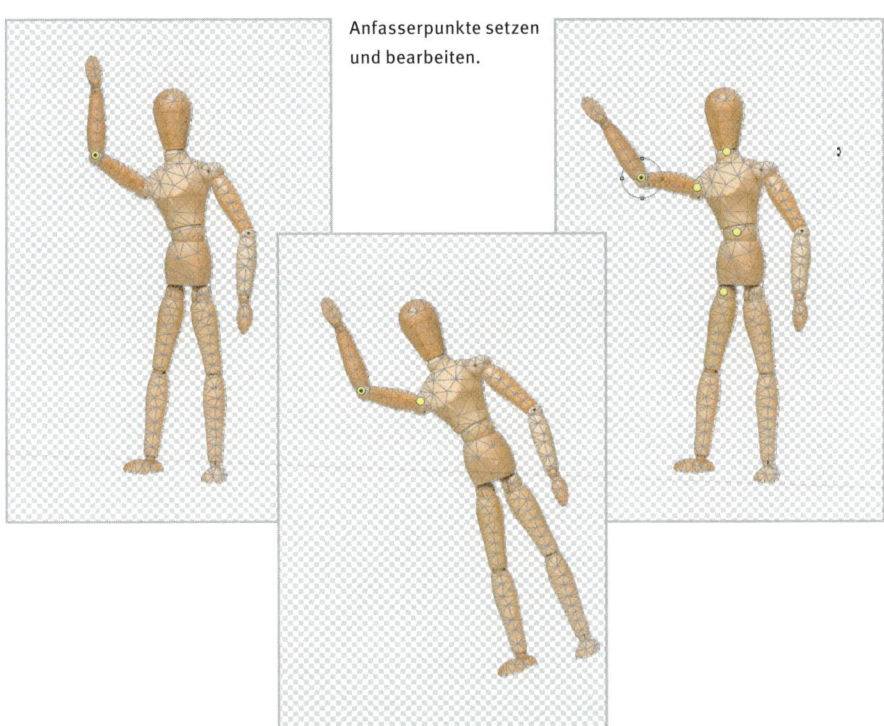

Anfasserpunkte setzen und bearbeiten.

Möchten Sie Einfluss auf den gesamten Bewegungsablauf der Marionette nehmen, setzen Sie auf jedes Gelenk einen gelben Anfasserpunkt. Jetzt kann jedes Körperteil unabhängig von den anderen bewegt werden. Lassen wir die Figur tanzen. Richtig gehört, setzen Sie in der Mitte des Bauchs einen Anfasserpunkt, halten Sie die [Alt]-Taste gedrückt und bewegen Sie die Maus kreisend nach links und rechts.

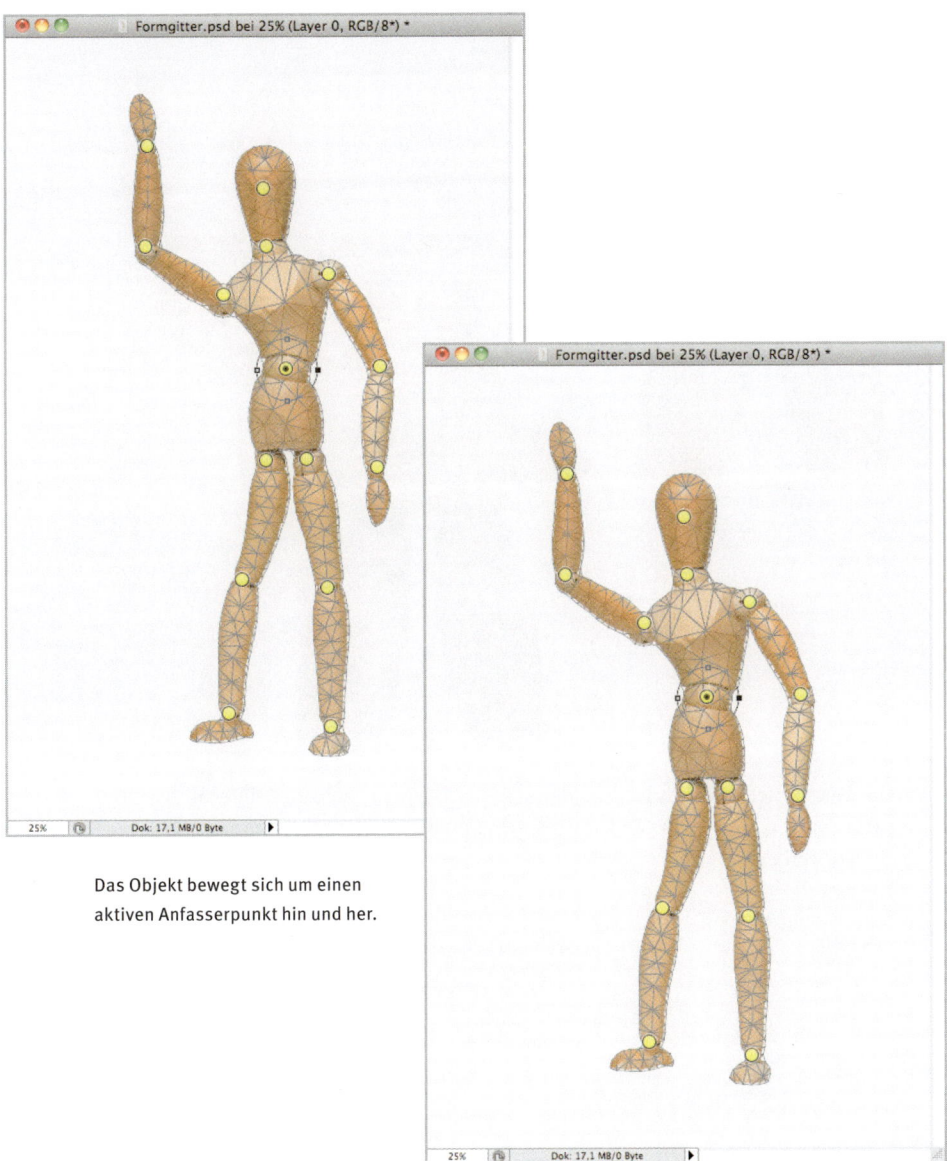

Das Objekt bewegt sich um einen
aktiven Anfasserpunkt hin und her.

Zu einem weiteren Highlight der Formgitterfunktion: Bewegen Sie wie im Beispiel den Arm der Figur hinter den Rücken, können Sie ihn ebenso in den Vordergrund, sprich vor den Bauch ziehen. Hierzu drücken Sie in der Optionsleiste im Bereich *Pintiefe* auf das Symbol *Pin nach vorne holen* oder *Pin nach hinten stellen*.

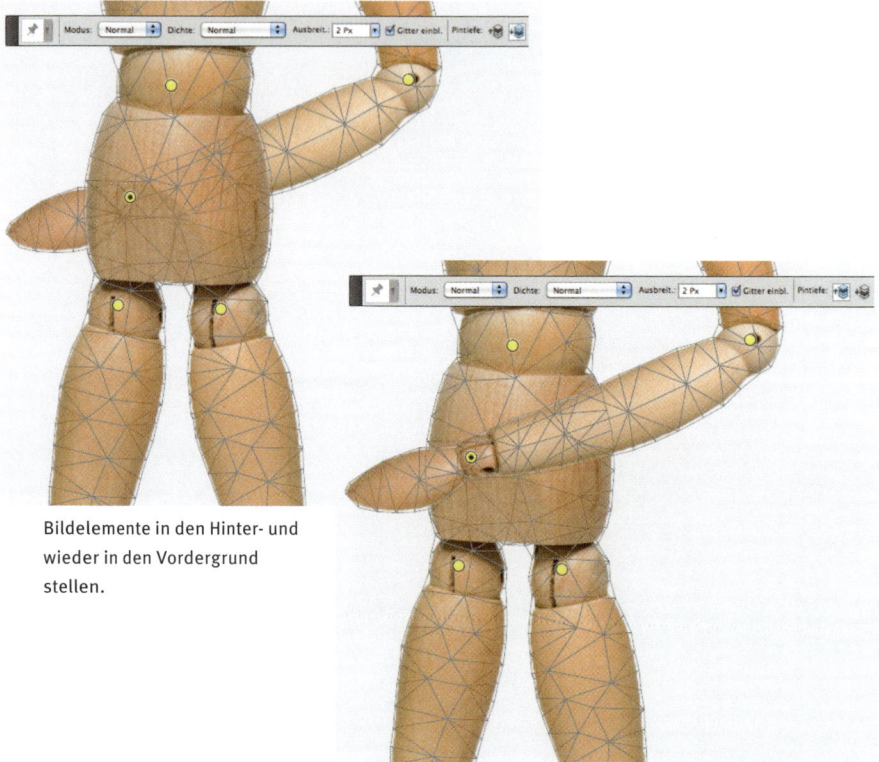

Bildelemente in den Hinter- und wieder in den Vordergrund stellen.

Die Formgitterfunktion ist eine der stärksten neuen Photoshop-Funktionen und kann als Universalwerkzeug für unterschiedlichste Bildbearbeitungsaufgaben eingesetzt werden.

Formen vervielfältigen und verbiegen

Hier ein weiteres Beispiel für den Einsatz der Formgitter-Funktion – die ideale Ergänzung zu den vorhandenen Funktionen Transformieren, Verflüssigen und Verkrümmen.

Vorher: Ein romantischer Sonnenuntergang am Bloubergstrand in Kapstadt, der allerdings die Lichter am Horizont nicht zur Geltung bringt.

Nachher: Freie Sicht auf die Lichter der Gefängnisinsel Robben Island vor der Küste Kapstadts. Nelson Mandela war hier 27 Jahre lang gefangen.

Gitternetz aufziehen und Pins setzen

Bevor die Lampe mit einem Formgitternetz belegt werden kann, muss sie freigestellt werden. Danach wählen Sie im Menü *Bearbeiten* die Funktion *Formgitter*. Sobald das geschehen ist, wird die Lampe mit einem Gitternetz überzogen. Die Dichte des Gitternetzes können Sie in der Optionsleiste festlegen. Für exaktere Verbiegungen stellen Sie unter *Dichte* die Option *Mehr Punkte* ein.

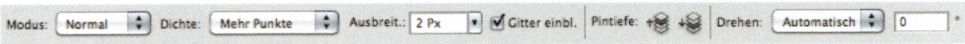

Setzen Sie jetzt Gelenkpunkte, auch Pins genannt, um die das Objekt gedreht werden soll. Mit den gelben Pins können Sie Bildbereiche fixieren. Mit einem aktiven Pin kann der Bildbereich um die definierte Achse verbogen werden. So lassen sich ganze Bildverzerrungen ausgleichen oder auch nur einzelne Körperbereiche in verschiedene Richtungen korrigieren. Halten Sie die [Alt]-Taste gedrückt, erscheint ein Kreis um den ausgewählten Gelenkpunkt, und Sie können ihn um die eigene Achse verdrehen.

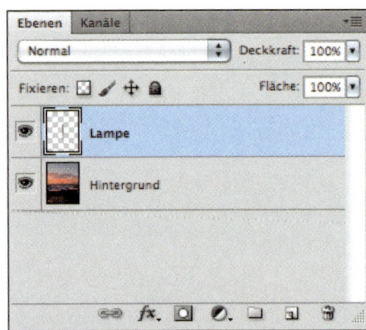 

TIPP ◄

Das Gitternetz wird hier zum Setzen der Pins nicht benötigt und stört zudem beim Verzerren. Blenden Sie über die Option *Gitter einbl.* das Formengitter aus und setzen Sie frei nach Gefühl die Gelenkpunkte auf die Lampe.

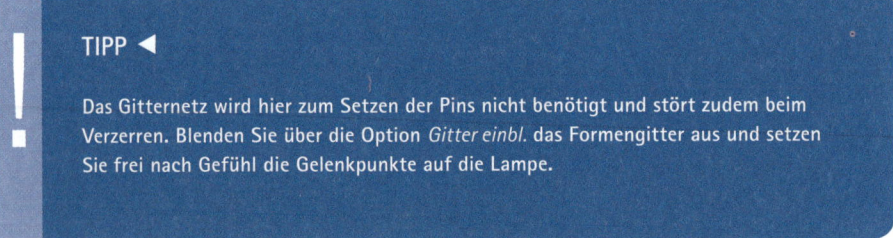

Smart-Objekte duplizieren und verbiegen

Wohlgemerkt, Photoshop CS5 verbiegt auch Smart-Objekte auf diese Art, das *Ebenen*-Bedienfeld bietet die Verzerrung wie ein Smartfilter an. So kann die Biegung jederzeit geändert werden, und Sie können beispielsweise auch RAW-Dateien in Originalqualität verbiegen. Zur nachträglichen Anpassung klicken Sie im *Ebenen*-Bedienfeld auf den Smartfilter *Formgitter* und verfremden die Ebene neu. Die Verbiegungen wirken nicht hart abgeschnitten, sondern zeigen leichte Rundungen und wirken sich weit in die umliegenden Bereiche aus.

Das einfache Duplizieren von Smart-Objekten im *Ebenen*-Bedienfeld hat einen angenehmen Effekt bei der Nachbearbeitung. Mit einem Doppelklick öffnen Sie eines der Duplikate und können hier Veränderungen vornehmen. Beim Abspeichern werden diese Aktualisierungen auf alle verwendeten Smart-Objekt-Instanzen angewendet. Ein identisches Verhalten kennt man bei Objektinstanzen in der Adobe Flash-Software.

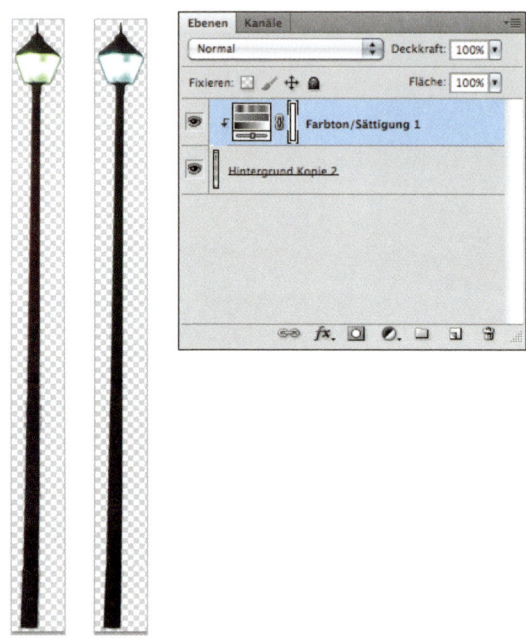

In diesem Beispiel wird die Straßenbeleuchtung als Smart-Objekt vervielfältigt und mit dem Formgitter individuell verbogen. Alle Laterneninstanzen werden im *Ebenen*-Bedienfeld in einen Ordner *Laternen* einsortiert.

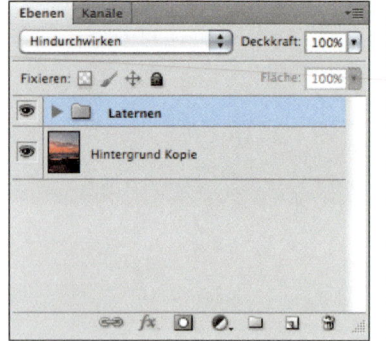
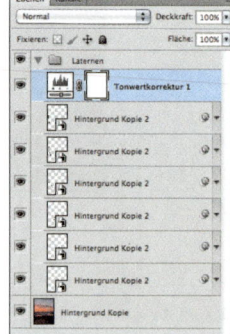

Möchten Sie jetzt alle Ebenen innerhalb des Ordners mit einer Einstellungsebene verändern – hier als Beispiel das Absenken der Tiefen mit der *Tonwertkorrektur* –, wirken sich die Änderungen auf alle unterhalb liegenden Ebenen aus und sind nicht nur auf den Ordnerinhalt beschränkt. Sie können dieses Verhalten jedoch über den Ebenenmodus bzw. die Füllmethode steuern: Als Standard ist bei einem Ordner *Hindurchwirken* aktiv. Wird der Ebenenmodus auf *Normal* umgestellt, wirken sich die Änderungen von Einstellungsebenen nur auf Ebenen innerhalb eines Ebenenordners aus.

Objekte wie von Zauberhand entfernen

Haben die Werkzeuge des *Reparatur-Pinsels* bereits in Photoshop CS4 überzeugt, setzt Adobe mit dem neuen inhaltssensitiven Füllen noch eins oben drauf. Diese Funktion bietet sich immer dann an, wenn bestimmte Objekte, unschöne Artefakte oder auch Videoframes schnell und makellos aus einem Bild entfernt werden müssen. Schauen wir uns die Arbeitsweise dieser neuen Funktion näher an.

In einem Foto, hier eine nachgestellte mittelalterliche Küchenszene, sollen alle Objekte im hinteren Wandregal entfernt werden, ohne dass man danach irgendeinen Hinweis auf eine mögliche Bildmanipulation findet. Um die Sache zu erschweren, muss der obere über dem Holzbottich aus der Wand hervorstehende Stein direkt mit entfernt werden.

Zu entfernende Objekte auswählen

Zunächst erzeugen Sie mit dem *Zoomwerkzeug* einen vergrößerten Bildausschnitt des zu bearbeitenden Bildbereichs. Dann wählen Sie das *Schnellauswahlwerkzeug*, stellen ein ca. *20 Px* große Werkzeugspitze ein und klicken nacheinander alle zu entfernenden Objekte an. Jedes der markierten Objekte erhält einen perfekten Auswahlrahmen. Würden Sie jetzt die Funktion *Fläche füllen/Inhaltssensitiv* anwenden, würden die Objekte zwar entfernt werden, aber 1 Pixel breite Konturen der Objekte würden weiterhin sichtbar bleiben.

Der Grund dafür ist einfach: Die Funktion *Fläche füllen/Inhaltssensitiv* sucht die Umgebungsbereiche der Objekte ab und generiert daraus möglichst identische Füllstrukturen, was zugegebenermaßen nicht immer auf Anhieb gelingt. In diesem Fall fehlt einfach der Umgebungsbereich, den Sie aber nachträglich erzeugen können. Hierzu wählen Sie im Menü *Auswahl* die Funktion *Auswahl verändern/ Erweitern* und erweitern die Auswahlbereiche um ca. *5 Pixel*. Genug Fleisch, um daraus passende Füllstrukturen zu erzeugen.

Alle zu entfernenden Objekte sind ausgewählt. Die Auswahlrahmen werden um **5 Pixel** erweitert.

Auswahlflächen inhaltssensitiv füllen

Sind die Auswahlbereiche vorbereitet, wählen Sie im Menü *Bearbeiten* die Funktion *Fläche füllen*. Im Bereich *Inhalt* öffnen Sie das Listenfeld *Verwenden*, wählen die Funktion *Inhaltssensitiv* aus und bestätigen mit *OK*.

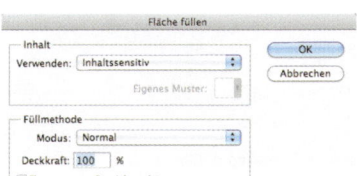

Der altbekannte Dialog **Fläche füllen** wurde um die Funktion **Inhaltssensitiv** erweitert. Unspektakulär, aber mit großer Wirkung.

Wie Sie sehen, wurden alle Objekte restlos entfernt – bis auf zwei Stellen. Das Kopf-
tuch der Magd und der Mauerstein weisen noch unschöne Artefakte auf, die sich
aber mit dem *Bereichsreparatur-Pinsel* ebenso einfach entfernen lassen.

Wenn nicht alle Objekte
auf Anhieb einwandfrei
entfernt werden, hilft der
Bereichsreparatur-Pinsel
weiter.

Das neue inhaltssensitive Füllen überzeugt auf ganzer Linie. Auch wenn hier und
da nachgearbeitet werden muss, ist die Zeitersparnis durch kein Geld der Welt zu
bezahlen.

Das inhaltssensitive Füllen hat ganze Arbeit geleistet. Nichts deutet mehr auf die entfernten
Objekte hin.

Hier ein weiteres Beispiel, das die Stärke dieser fantastischen Funktion eindrucks-voll unter Beweis stellt: Das Bild zeigt den Kühlergrill eines US-amerikanischen Oldtimers. Hier soll die goldene Automobilklubplakette entfernt werden. Mit dem *Schnellauswahlwerkzeug* erstellen Sie einen Auswahlbereich um die Plakette, die Sie um ca. 3 Pixel erweitern. Jetzt brauchen Sie nur noch die Funktion *Fläche füllen/ Inhaltssensitiv* aufzurufen, mit *OK* zu bestätigen, und die Plakette ist weg.

Auch diese nicht ganz leichte Aufgabe meistert die Funktion mit Bravour.

Komplexe Strukturen ersetzen

Dass Objekte im Bild einfach ausgelöscht werden können, basiert auf einer neuen Technik namens „Patch Match". Bereits seit einiger Zeit wird in den Adobe Labs an dieser Bildbearbeitungstechnologie gefeilt und geforscht. In Photoshop CS4 ist ein Vorläufer dieser Technik als „Content-Aware-Scaling" bereits enthalten, und in Photoshop CS5 können jetzt sogar Bildstrukturen anhand von Umgebungsmustern ersetzt werden. Nicht immer gelingt ein perfektes Ergebnis, dennoch wird Sie diese Technik wesentlich schneller zum gewünschten Ziel führen.

Vorher: Für eine freie Sicht auf den Horizont soll die Strandlaterne entfernt werden. Die aufwendige Retusche dafür ist zeitintensiv, da Geländestrukturen berücksichtigt und Farbverläufe angepasst werden müssen.

Nachher: Mit der neuen Fülloption in Photoshop CS5, dem inhaltssensitiven Füllen, kann die vormals aufwendige und zeitintensive Retusche auf wenige Sekunden abgekürzt werden.

Grobauswahl erstellen und transformieren

Die sauberste Auswahl erzielen Sie immer noch, wenn Sie zuvor einen Pfad für Ihr
Objekt anlegen. Nur fehlt manchmal die Zeit, und mit alternativen Werkzeugen ge-
langen Sie oft schneller ans Ziel – mit einem durchaus vergleichbaren Ergebnis. Mit
dem *Auswahlrechteckwerkzeug* kann die Laterne schnell ausgewählt werden. Wenn
Sie wirklich unter Zeitdruck stehen, könnten Sie von hier gleich zum letzten Punkt
springen. Doch je genauer Sie das Objekt identifizieren, desto besser wird das Ergebnis ausfallen, und Sie benötigen weniger Arbeitszeit in der Nachretusche.

! **TIPP ◄**

Halten Sie die [Befehlstaste] gedrückt, können Sie den angeklickten Eckpunkt vom Rahmen frei positionieren.

Auch eine bestehende Auswahl kann schnell und einfach angepasst werden. Transformieren heißt das Zauberwort – diesen Befehl finden Sie unter *Auswahl/Auswahl transformieren*. Sie erhalten Ihren vertrauten Rahmen, mit dem Sie die Auswahl vornehmen. Passen Sie den Auswahlrahmen möglichst genau an, ohne zu eng am Objekt zu kleben, und vergessen Sie nicht, die Transformation zu bestätigen.

Bestehende Auswahl schnell erweitern

Eine bestehende Auswahl kann ebenso schnell erweitert werden. Die nachfolgende Auswahlerweiterung funktioniert mit jedem Auswahlwerkzeug: Drücken Sie die [Umschalt]-Taste und ziehen Sie den Bereich auf. Für die Laternenspitze haben wir das *Auswahlellipsewerkzeug* gewählt und – wenn Sie sich keine Tastenkombinationen merken wollen – in der Optionsleiste das Symbol *Der Auswahl hinzufügen* aktiviert.

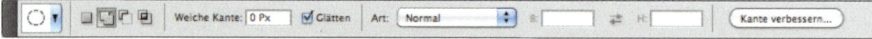

Duplizieren Sie die Hintergrundebene, damit die Retusche nicht am Original durchgeführt wird. Wie Sie bemerken, ist die bestehende Auswahl davon unabhängig. Welche Ebene oder auch Kanalebene bei der Auswahlerstellung auch angewählt ist – Sie können jederzeit wechseln.

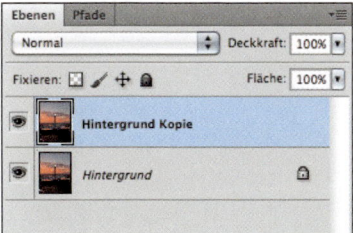

Inhaltssensitiv füllen und nachretuschieren

Wird mit einer aktiven Auswahl ein Menübefehl ausgeführt, wirkt sich dieser nur innerhalb der Auswahl aus. Der Befehl *Fläche füllen* wurde in Photoshop CS5 um eine Füllmöglichkeit ergänzt: *Inhaltssensitiv*.

Photoshop versucht jetzt, im Gesamtbild Strukturen zu finden, mit denen die Auswahl gefüllt und mit dem Gesamtbild harmonisch abgestimmt werden kann. Der Erfolg ist stark vom Bildinhalt abhängig: Wolken und feine Strukturen sind optimal geeignet. Die Ergebnisse sind zufriedenstellender, wenn die Auswahl dicht am zu löschenden Objekt verläuft, aber nicht zu dicht. Ein gewisser Übergangsbereich ist hilfreich.

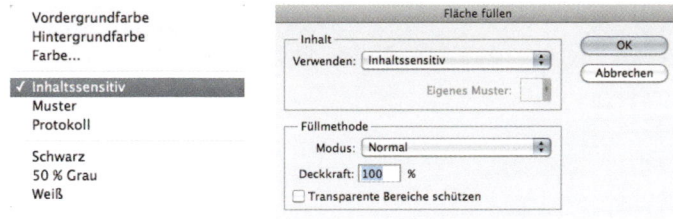

Ist das Ergebnis nicht ganz wie gewünscht ausgefallen, wiederholen Sie den letzten Befehl auf die bestehende Auswahl. Da die inhaltssensitive Füllung mit einem Algorithmus berechnet wird, sind die Resultate unterschiedlich.

Nach dem gleichen Muster können Sie die kleinen Nachretuschen an den Übergangsbereichen bereinigen. Das *Bereichsreparatur-Pinsel-Retuschewerkzeug* (sieht aus wie ein Pflaster, heißt aber Pinsel) hat diese Neuerung ebenfalls bekommen. Diese inhaltsfüllende Option kann in der Optionsleiste angewählt werden.

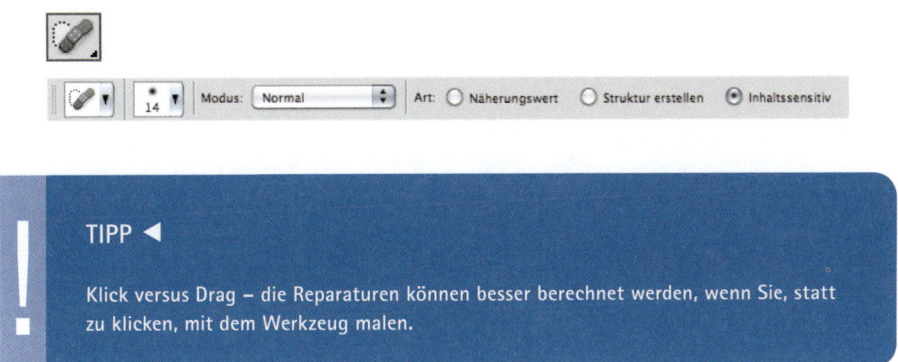

TIPP ◄

Klick versus Drag – die Reparaturen können besser berechnet werden, wenn Sie, statt zu klicken, mit dem Werkzeug malen.

4 Bildmontagen durchführen

Virtuelle Realität – die Fotocollage kennen viele noch aus Jugendzeiten, da aus Zeitschriften Lieblingsmotive gesammelt, ausgeschnitten und aufgeklebt wurden. Was früher profan Collage hieß, ist heute das digitale Bildcomposing. Mit der digitalen Fotografie und den Bildbearbeitungsprogrammen wurde es leicht, „Welten am Rande der Realität" bequem am Computer zu montieren – spannend die eigene Fantasie zu entfesseln und aus den eigenen Urlaubsfotos neue Bilder zu komponieren. Nicht mehr das eine Bild zählt, vielmehr ist die Idee wichtig, die aus vielen Einzelbildern zusammengetragen wird.

Eine Bildmontage von A bis Z

Wie so oft im Leben, schafft man 80 oder auch 90 Prozent des Weges ohne größeren Ärger oder Probleme. Aber um dann die paar fehlenden Prozent bis zur Perfektion zu erreichen, ist eine Menge Aufwand und Geduld gefragt. Dieser Workshop zeigt Ihnen den kompletten Workflow einer Bildmontage auf und verhilft Ihnen vielleicht zu den verbleibenden Prozentwerten.

Vorher: Die unbearbeitete Raw-Datei. Neben den feinen Haardetails stellt bei dieser Freistellung die feinmaschige Halskrause eine echte Herausforderung dar.

Nachher: Eine Modemontage, wie sie in den Magazinen zu finden ist. Vorbei die Zeiten, in denen Fotograf und Models exotische Länder bereisten. Der Alltag findet sich im Studio und am Computer wieder.

Erzeugen einer Ebenenmaske

Eine goldene Regel empfiehlt, so viel wie möglich im RAW-Konverter zu erledigen. So wurde die Ausgangsdatei als RAW-Datei optimiert und als Smart-Objekt zur Endmontage an Photoshop übergeben.

 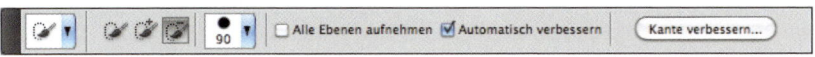

Hier wird zunächst eine grobe Auswahl des Models erstellt. Die Alternativen zum *Schnellauswahlwerkzeug* funktionieren bei dem ungleich ausgeleuchteten Hintergrund nicht. Achten Sie bei der Auswahlerstellung darauf, dass die feinen Tüllmaschen nicht ausgewählt sind. Sie erzielen dann mit dem *Maske verbessern*-Dialog optimalere Ergebnisse.

Glatte Freistellkanten optimieren

Beginnen Sie mit der Optimierung an den glatten Freistellkanten. Erhöhen Sie den Radius und aktivieren Sie die Vorschau *Radius anzeigen*. Die Breite des Radius bestimmt die zu optimierende Auswahlkante. Vergrößern Sie die Ansicht und justieren Sie die Lücke auf einen Durchmesser, sodass alle glatten Kantendetails gerade so erfasst werden. Das ist gerade bei Strickwaren wichtig.

Aktivieren Sie im Bereich *Kantenerkennung* das Kontrollfeld *Smart-Radius*. Damit wird der Radius automatisch an den Kanten optimiert. Verlassen Sie den Dialog mit *OK*. Zugegeben, eine Beurteilung der optimierten Maskenkante ist mit entsprechendem Hintergrundbild einfacher. Platzieren Sie deshalb zunächst Ihr Hintergrundbild.

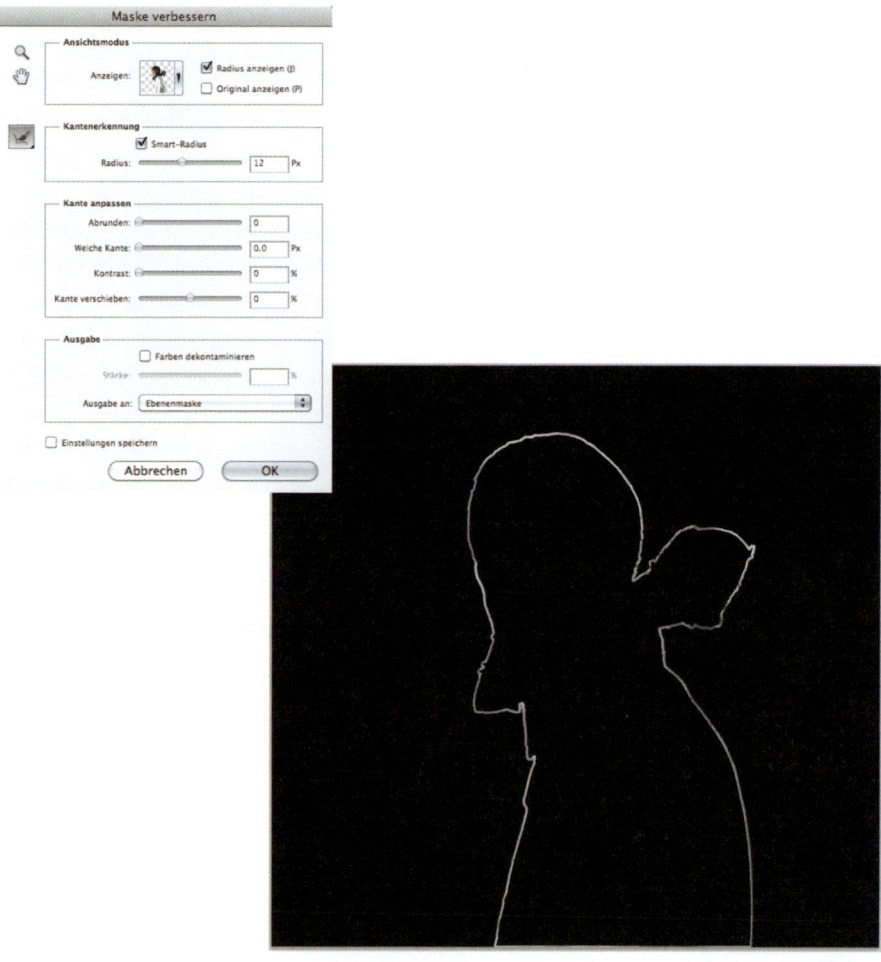

Hintergrund und Transparenzbereich hinzufügen

Entspricht Ihre derzeitige Dokumentgröße Ihrem gewünschten Ausgabeformat? In unserem Beispiel haben wir die Arbeitsfläche in der Breite etwas vergrößert. Danach wurde das neue Hintergrundbild über den Menübefehl *Datei/Platzieren* angewählt und eingepasst. Die Ebenen werden dann im Bedienfeld entsprechend angeordnet.

Der Pinsel markiert Bereiche, die mehr Weichheit, mehr Transparenz erhalten sollen. Passen Sie einfach den Pinseldurchmesser an und malen Sie über die Details innerhalb von Haarstruktur und Modeaccessoires. Schalten Sie den Anzeigebereich auf eine Darstellung, in der Sie das vollständige Objekt erkennen. Durch Drücken der [F]-Taste können Sie die verschiedenen Ansichten durchschalten.

Übermalen Sie alle Transparenzbereiche, temporär können Sie mit gedrückter [Alt]-Taste auf das *Radiergummi-Werkzeug* umschalten und Bereiche durch erneutes Übermalen subtrahieren.

Zur finalen Beurteilung drücken Sie die Taste [L]. Erhöhen Sie den *Kontrast*-Regler auf ca. *12 %*, und Sie werden erkennen, wie sich die Auswahlkante verändert. Mit dem Regler *Kante verschieben* können Sie den Detailbereich Ihrer Auswahl kontrolliert justieren.

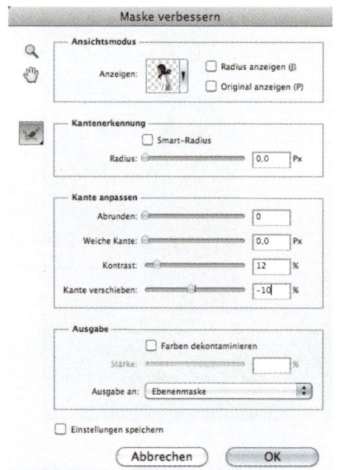
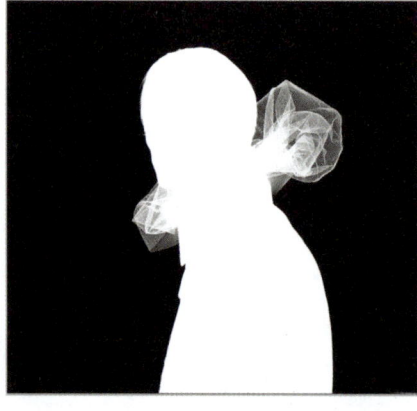

Mit F die Ansichten durchlaufen.

Mit X vorübergehend alle Ansichten deaktivieren.

Detailverstärkung mittels Abwedeln und Nachbelichten

Das bisherige Ergebnis kann sich sehen lassen. Mit der Dodge-&-Burn-Technik (Abwedeln und Nachbelichten) kann die Maske weiter manuell nachgearbeitet und kleine Fehler können ausgebessert werden. Gerade im Tüllschal, der stellvertretend für durchscheinende Haarbereiche steht, kann die Maskierung mit dem *Nachbelichter-Werkzeug* verstärkt werden. Schwarz bedeutet „nicht sichtbar", dunkeln Sie also diesen Bereich weiter ab, dann erhöht sich der transluzente Bereich im Bild.

An den feinen Freistelldetails findet sich oft vor dunklem Hintergrund ein heller Freistellsaum. Öffnen Sie erneut den *Maske verbessern*-Dialog und aktivieren Sie das Kontrollkästchen *Farbe dekontaminieren*. Den Regler *Stärke* kann in unserem Beispiel bis *90 %* nach oben gefahren werden. Die Dekontamination verändert die Pixelwerte, nicht die Maske, deshalb wird Ihnen auch eine neue Ebene bei Anwendung erstellt werden. Bei der Ausgabewahl können Sie zwischen mit und ohne Masken oder auch den Export in ein neues Dokument wählen.

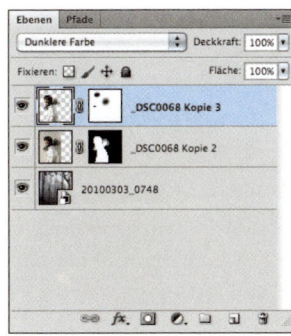
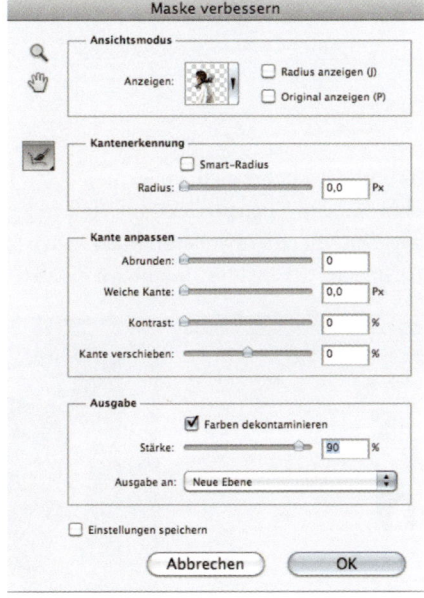

In diesem Beispiel wird als *Ausgabe an: Neue Ebene* angewählt. Dadurch bleibt die Möglichkeit erhalten, eine eigene Maske nach Bedarf hinzuzufügen und die Farbbereinigung, die die Verstärkung der Details bewirkt, an unerwünschten Stellen abzuschwächen. Der Ebenenmodus wurde auf *Dunklere Farbe* umgestellt.

Beleuchtungseffekte anpassen

Für den Final Cut wurde der Hintergrund etwas abgesoftet und die Beleuchtung am Motiv der Gegenlichtsituation des Hintergrundmotivs angepasst. Wählen Sie dazu die farbbereinigte Freistellungsebene und öffnen Sie den Dialog der *Ebenenstile*.

Mit der Fülloption *Schein nach innen* wird dem freigestellten Motiv ein weißer Lichtsaum hinzugefügt. Orientieren Sie sich bei den Einstellungswerten im Dialog-fenster an den Werten der Abbildung.

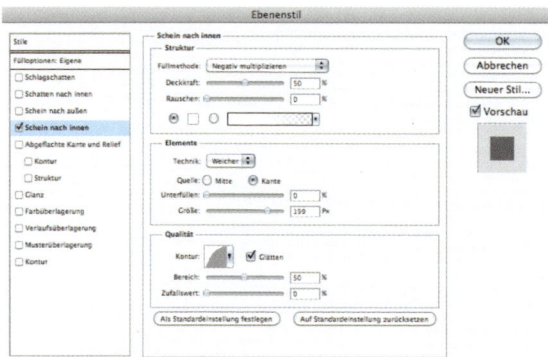

Der Lichtsaum wird dabei auch an Kanten auftreten, an denen er nicht erwünscht ist. Isolieren Sie den Ebeneneffekt auf einer eigenen Ebene – *Ebenen/Ebenenstil/Ebenen erstellen*. Mit einer Ebenenmaske können Sie diese Bereiche dann abmaskieren. Im Beispiel ist der Lichtsaum nur auf dem Hemdrücken erwünscht.

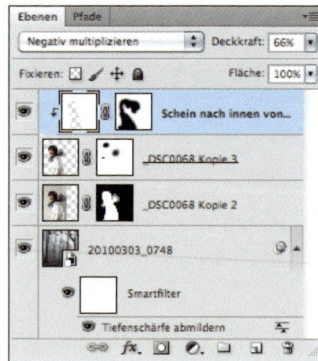

Eine aufwendige Fluchtpunktmontage

Viele Neuerungen werden mit großem Werbetrara promotet, erfüllen ihren Zweck, sind aber leider nicht konsequent zu Ende durchdacht worden. Der groß angepriesene Fluchpunktfilter ist so ein Beispiel. Dieser Workshop hilft Ihnen, die Klippen zu umschiffen. Ganz anders dagegen die Integration der neuen Mini Bridge, mit deren Hilfe Sie schnell und bequem Bilder per Drag and Drop im Dokumentfenster öffnen können.

Vorher: Sauber, aber Großstadttristesse – werbefreie Straßenunterführung in Deutschlands Kehrwochemetropole.

Nachher: Kunst ist schön, macht aber viel Arbeit, wie Karl Valentin richtig bemerkte. Auf den Leuchtflächen wurden mithilfe des Fluchtpunktfilters Chagall-Bilder perspektivisch ins Stadtbild eingefügt.

Fluchtpunktebene und Basisgitter erstellen

Öffnen Sie Ihre Bilddatei, wie bei RAW-Bildern üblich, als Smart-Objekt. Legen Sie
jetzt schon mal das Perspektivengitter an, ist es nach erneutem Öffnen im Flucht-
punktfilter nicht mehr vorhanden. Sparen Sie sich den Frust und erstellen Sie im
Bedienfeld *Ebenen* eine neue leere Bitmap-Ebene. Anschließend wählen Sie im
Menü *Filter* den *Fluchtpunkt*-Filter.

Greifen Sie eine perspektivische Rechteckform im Bild auf und fassen Sie diese mit
dem *Ebenen-erstellen-Werkzeug* ein. Mit dem Setzen der Eckpunkte definieren Sie
die Grundfläche. Zur besseren Anwahl können Sie die Bildvorlage durch Drücken
der [X]-Taste temporär vergrößern.

Die Gitterfläche sollte eine cyanblaue Färbung haben. Wenn sie in Gelb oder Rot dargestellt wird, stimmen die Eckpunkte mit der Bildperspektive nicht überein und müssen nachjustiert werden.

Mit dem *Ebenen-bearbeiten-Werkzeug* richten Sie die Eckpunkte aus und erweitern die Gitterfläche an den Seitenankerpunkten. Platzieren Sie die Eckpunkte mit größter Sorgfalt. Danach vergrößern Sie den Perspektivenbereich gegebenenfalls auch über den Bildrand hinaus. Bei mehrseitigen Elementen ist die Genauigkeit der Gitterfläche besser, wenn mit einem mittleren Element begonnen wird. Angrenzende Gitterflächen werden mit gehaltener [Befehlstaste] von den Seitenankerpunkten aufgezogen. Die Winkel können frei über das Eingabefeld bestimmt werden.
Nach dem Aufziehen der Fluchtpunktgitterflächen können Sie den Arbeitsdialog zwischenzeitlich verlassen. Das Gitter ist gespeichert.

Mehr Übersicht mit der Mini Bridge

Die neue Mini Bridge ist ein gelungenes Beispiel dafür, wie auf kleinstem Bedienfeldraum die wichtigsten Funktionen der „großen" Bridge überschaubar integriert werden können. So müssen Sie dank der Mini Bridge den Arbeitsbereich von Photoshop nicht mehr verlassen, um Fotos zu suchen und in das geöffnete Dokument zu platzieren. Die Vorgaben entsprechen denen der großen Bridge und können auch nur dort verändert werden.

Über die Mini Bridge geöffnete Dokumente werden als Smart-Objekte platziert. Wählen Sie den Inhalt der Smart-Objekt-Ebenen mit einem Mausklick auf das Ebenensymbol und gedrückter [Befehlstaste]. Laden Sie den Inhalt in den Zwischenspeicher – [Befehlstaste]+[C]. Deaktivieren Sie die Auswahl, blenden Sie die Ebene aus und wechseln Sie danach auf eine leere Bitmap-Ebene.

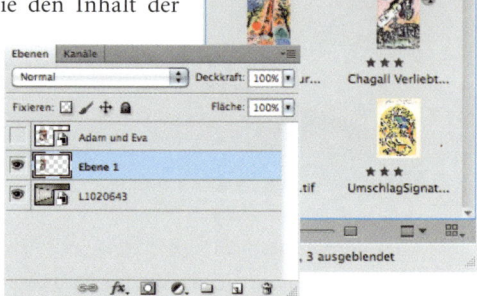

Perspektivisch plakatieren

Öffnen Sie wieder den *Fluchtpunkt*-Dialog und fügen Sie mit [Befehlstaste]+[V] den Inhalt aus dem Zwischenspeicher ein. Klicken Sie das eingefügte Bild an und verschieben Sie es an die vorgesehene Position. Sobald das Bild über das Fluchtpunktgitter gezogen wird, nimmt es dessen Perspektive an. Wahrscheinlich wird auch bei Ihnen das Bild viel zu groß erscheinen. Mit dem *Transformationswerkzeug* [Befehlstaste]+[T] erzeugen Sie die bekannten Ankerpunkte am Bildrand. Versuchen Sie, das Bild innerhalb der Gitterfläche auf die richtige Größe zu skalieren.

Alle verwendeten Bildebenen werden jetzt zu einem Ordner gruppiert. Mit der Füllmethode *Farbig nachbelichten* versuchen Sie, die richtige Lichtstimmung zu erreichen. Da das Umstellen jeder Ebene viel zu aufwendig wäre, weisen Sie nur dem Gruppenordner die neue Füllmethode zu. So ganz ist die Illusion nicht perfekt, die Reflexionen im Bodenbereich fehlen noch.

> **TIPP ◀**
>
> Möchten Sie die verschiedenen Füllmethoden im *Ebenen*-Bedienfeld schnell durchblättern, markieren Sie die entsprechende Ebene, halten die [Umschalt]-Taste gedrückt und blättern mit der [+]- oder der [–]-Taste die Liste der Füllmethoden durch. Wichtig hierbei ist, dass Sie vorher in der Werkzeugleiste das *Verschieben-Werkzeug* aktiviert haben.

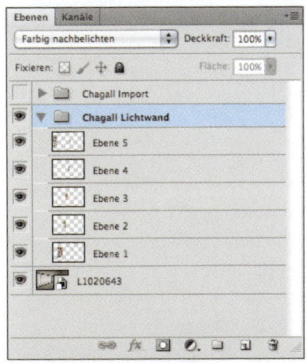

Reflexionsfläche erzeugen

Legen Sie eine neue leere Ebene an und öffnen Sie wieder den *Fluchtpunkt*-Dialog. Klicken Sie mit dem *Ebene-bearbeiten-Werkzeug* die Gitterfläche an und erweitern Sie die Fläche nach unten. Inhalte können mit dem *Auswahlwerkzeug* perspektivisch ausgewählt und mit gehaltener [Alt]-Taste als schwebende Auswahl verschoben und neu platziert werden.

Verschieben reicht aber nicht für eine überzeugende Reflexion. Die Kopie muss noch gespiegelt werden. Wechseln Sie zum Werkzeug *Transformieren* [Befehlstaste]+[T], dort finden Sie am oberen Rahmen die Option *Kippen*.

Die gekippte Kopie wird auf der zuvor angelegten leeren Ebene abgelegt. Hier kann der Ebeneninhalt mit einem *Gaußschen Weichzeichner* – Radius ca. *10 Pixel* – der Bodendiffusion angeglichen werden. Als Smartfilter eingesetzt, ist die Weichzeichnung auch später noch editierbar.

Die Bodenspiegelung nimmt mit zunehmender Raumtiefe ab. Mit einem Verlauf kann der Ebeneninhalt weich ausgeblendet werden. Damit der Verlauf überzeugt, muss überlegt werden, wie der Verlaufswinkel angelegt werden soll. 90 Grad zur unteren Winkelkante bietet sich hier an.

Für die Erbsenzähler: Perfekt ist dieser Verlauf nicht, da er auch nach hinten in den Raum fluchten müsste. Die Lösung wäre hier eine eigene Verlaufsebene, die als Bild in das Perspektivengitter einkopiert wird. Der Verlauf ist dann perspektivisch richtig und kann als Auswahl für die Maskenebenen geladen werden.

Auch für die Reflexion wird die Füllmethode der Ebene umgestellt: *Weiches Licht* mit einer reduzierten *Deckkraft* von *50%* ergibt einen überzeugenden Eindruck.

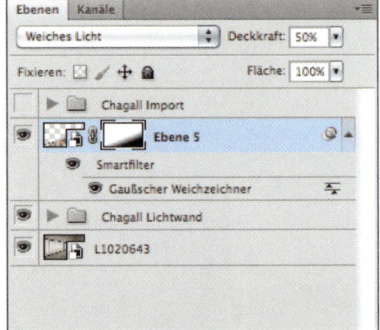

Erzeugen einer Textflucht

Für die hinteren Leuchtwände wird noch schnell ein Text eingefügt – *CHAGALL 2010*. Der passende Text ist schnell erstellt. Der Versuch soll zeigen, ob er editierbar gehalten werden kann. Dazu wird die Textebene anschließend in ein Smart-Objekt umgewandelt.

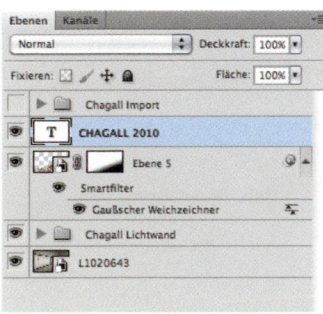

Öffnen Sie das Smart-Objekt, und Sie haben wieder Ihren Text als Textebene vorliegen. Der Text muss erneut in den Zwischenspeicher geladen werden. Dazu klicken Sie das Ebenensymbol mit gedrückter [Befehlstaste] an. Importieren Sie den Inhalt der Auswahl in den Zwischenspeicher, deaktivieren Sie die Auswahl und schalten Sie die Ebenensichtbarkeit aus. Schließen Sie das Dokument und bestätigen Sie die Speicheraufforderung.

Zurück im Originaldokument, öffnen Sie zum Erstellen der hinteren perspektivischen Gitterfläche wieder den *Fluchtpunkt*-Filter. Dann fügen Sie den Inhalt aus dem Zwischenspeicher ein und platzieren ihn in Dokumentfenster. Erstellen Sie auch gleich die Kopie für die Bodenspiegelung. Das geht jedoch nicht, weil die Textelemente unterschiedliche Ebenen für die Weiterbearbeitung benötigen.

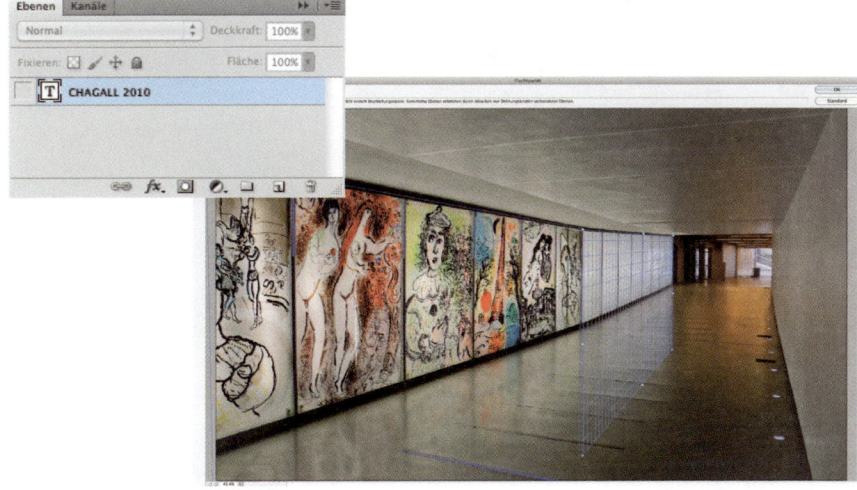

Das Experiment mit der Textebene als Smart-Objekt endet in einem Desaster, soll-
ten Sie auf die Idee kommen, den angezeigten Smartfilter erneut zu öffnen oder den
Text nachträglich im Smart-Objekt zu ändern: Der perspektivisch fertig angepasste
Ebeneninhalt verschwindet ins Nirwana.

Von der Kugel zur Seifenblase

Wer die Photoshop Extended-Version besitzt, kann auf die 3-D-Menüfunktion zugreifen und aus jedem Ebeneninhalt mit zwei Mausklicks eine Kugelform erstellen. Die Kugelform aus Ebenen und Ebenenstilen zu erzeugen, ist dann schon etwas aufwendiger, aber auch eine gute Sehübung, um das Verhalten von Licht und Reflexionen auf glänzenden Oberflächen zu studieren. Dieser Workshop kann auch für die Erstellung von Webbuttons genommen werden oder als Einstiegsübung für weiterführende Glaseffekte dienen.

Vorher: Eine Kugel mit spiegelnder Oberfläche in simulierter Studiobeleuchtung, erstellt mit Ebenenstilen und Vektorform.

Nachher: Dieselbe Kugel als einfacher digitaler Seifenblaseneffekt nur durch Veränderung der Ebenenstile. Dass die Verzerrungen im Kugelrand fehlen, fällt auf den ersten Blick gar nicht auf.

Bevor Sie mit dem eigentlichen Erstellen der Kugel beginnen, wird zuvor eine Mustervorlage zur Anwendung als Ebenenstil erstellt. Das Dokument muss unbedingt eine quadratische Form haben, die Maße können abweichen, doch *480* mal *480 Pixel* sind ein guter Ausgangswert, da als Ebenenstil die Mustervorlagen vergrößert und verkleinert werden können.

Eine reflektierende Kugelform erzeugen

Die Hintergrundebene füllen Sie mit Schwarz. Danach wenden Sie aus dem Menü *Filter/Renderfilter* den Filter *Blendenflecke* an. Photoshop bietet Ihnen vier Varianten simulierter Objektivspiegelungen an. Alle Objektivarten führen zu einem respektablen Ergebnis, doch hat uns die 105-mm-Variante am besten gefallen.

Verschieben Sie im Vorschaufenster des Dialogfelds den Highlight-Spot auf die gewünschte Position. Für die Verwendung als Muster bieten sich drei Positionsvarianten an: oben links, oben mittig und oben rechts.

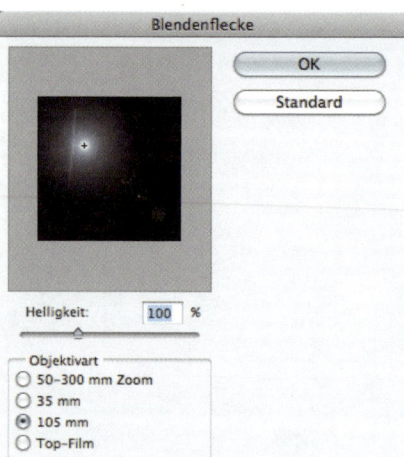

Anschließend wählen Sie den Verzerrungsfilter *Polarkoordinaten*. Im Dialogfeld aktivieren Sie die Option *Polar -> Rechteckig*. Danach drehen Sie die Ebene vollständig um 180 Grad oder als Variante über *Transformieren/Vertikal spiegeln*.

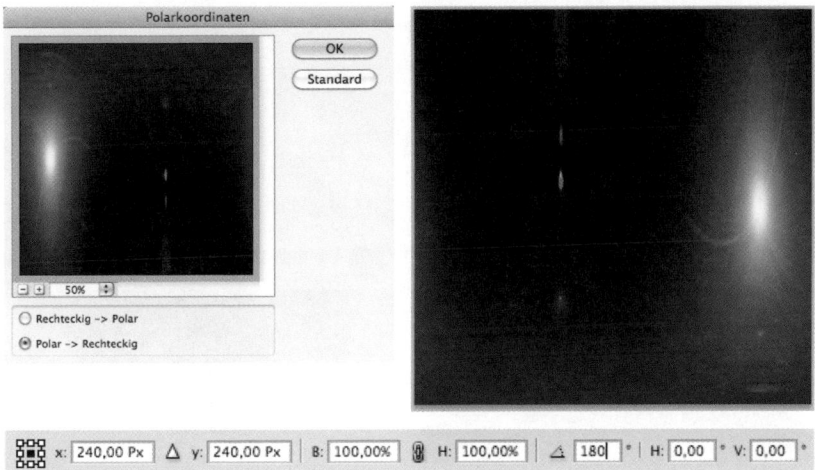

Wenden Sie nun den *Polarkoordinaten*-Filter erneut an, jetzt jedoch mit der oberen Option *Rechteckig -> Polar*. Als Ergebnis sollten Sie nun eine Kugelform wahrnehmen können.

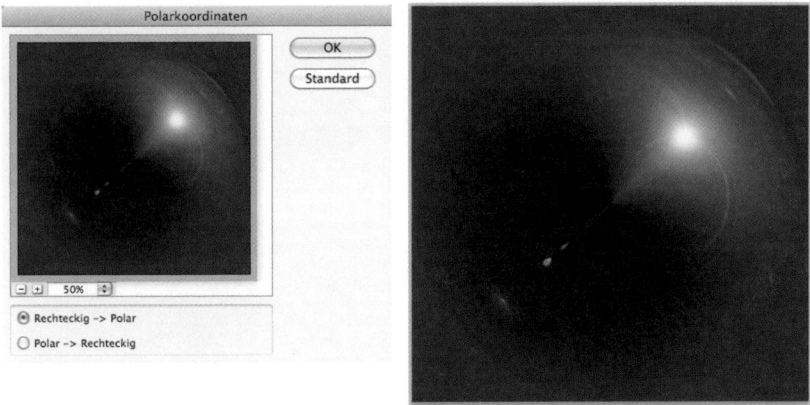

Versuchen Sie, die Kugelform zu isolieren: Wählen Sie das *Auswahlellipsewerkzeug* und ziehen Sie von der oberen linke Ecke aus eine Auswahl quer über das Dokument auf. Sie können aber auch in der Optionsleiste unter *Art* die Option *Feste Größe* angeben. Übertragen Sie dann das Dokumentmaß (480 mal 480 Pixel), und Sie müssen nur in die obere linke Ecke im Dokument klicken.

Weil nur die Kugel als Muster abgespeichert werden soll, wird die bestehende Auswahl invertiert und die Fläche gelöscht. Danach deaktivieren Sie die Auswahl. Eigene Muster können Sie über das Menü *Bearbeiten/Muster festlegen* abspeichern. Zuvor öffnet sich ein Dialogfeld, in dem Sie dem Muster einen Namen geben. Danach schließen Sie die Datei.

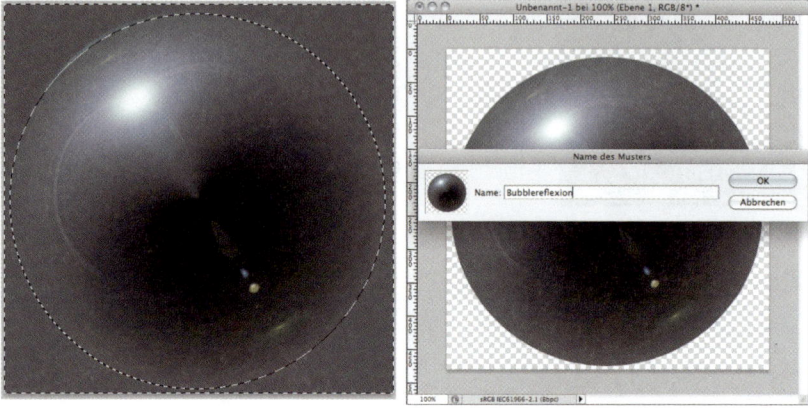

Eine Kreisform erstellen und vervielfältigen

Erstellen Sie jetzt ein neues Dokument. In unserem Beispiel wählten wir eine Dokumentvorlage im *HDV/HDTV 720p/29,97*-Format – *1280 Pixel* mal *720 Pixel* –, zu finden unter der *Vorgabe: Film & Video*. Die Hilfslinien sind für das Projekt nicht relevant und dienen nur der optischen Orientierung für die bildsichere Anzeige an diversen TV-Geräten.

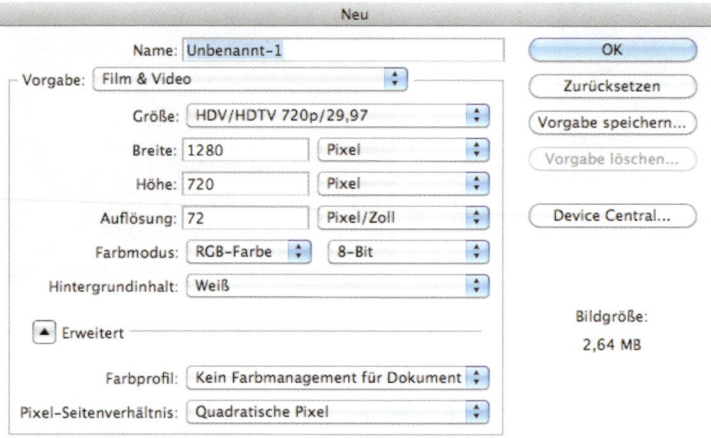

Das Erste, was man für eine Kugel benötigt, ist eine Kreisform. Platzieren Sie mit dem *Form-Werkzeug* eine Kugel. Das Handling fällt Ihnen sicherlich leichter, wenn Sie in den *Ellipse-Optionen Feste Größe* oder *Kreis* anwählen.

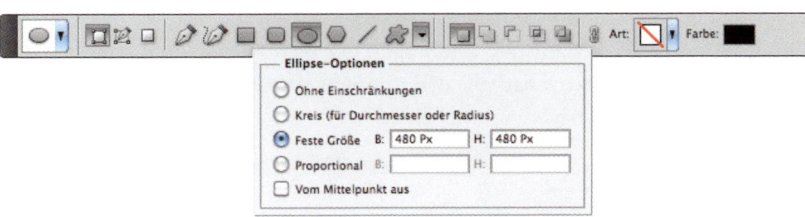

Haben Sie *Formebene* gewählt, wird im *Ebenen*-Bedienfeld automatisch eine neue Ebene erstellt. Die Farbe der Kreisfläche spielt keine Rolle.

Duplizieren Sie die Kreisebene dreimal, deaktivieren Sie die zwei oberen und setzen Sie Ihre Bearbeitung auf der unteren Formebene fort. Seit nunmehr 20 Jahren werden Ebenenduplikate mit dem Anhängsel *Kopie* versehen. In Photoshop CS5 können Sie diese Option abstellen – der Original-Ebenenname bleibt dann bei der Kopie erhalten.

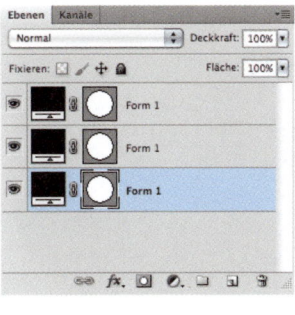
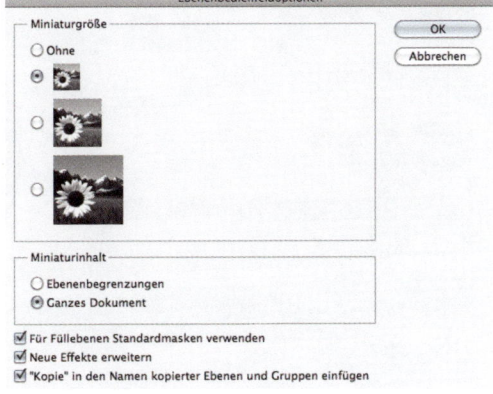

Materialbeschaffenheit der Kugeloberfläche definieren

Mit einem Doppelklick in die Ebene öffnet sich das mächtige Dialogfeld *Ebenenstil*. Nur mithilfe der hier aufgeführten Stilarten kann aus einer 2-D-Fläche eine Kugel mit ihrer Oberflächen- und Materialbeschaffenheit definiert werden. Beginnen Sie mit der Anwahl der Verlaufsüberlagerung in der linken Spalte und klicken Sie in den Verlaufsbalken, um die Farben zu bestimmen. Als *Art* wählen Sie *Radial* – Beispiel: von hell (*#ccffcc*) nach dunkel (*#003366*).

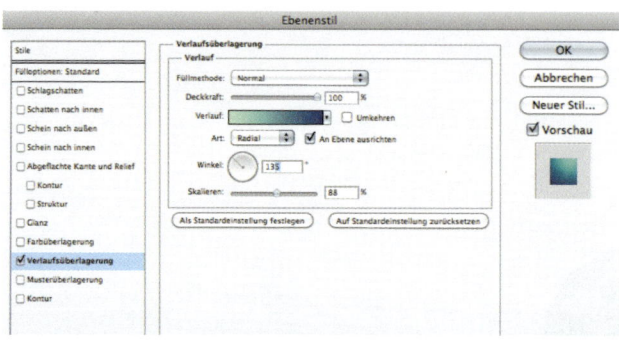

WICHTIG ◄

Klicken Sie nach der Verlaufserstellung und noch bei geöffnetem Ebenenstile-Dialog im Bilddokument auf den Verlaufspunkt und schieben Sie ihn aus der Kugelflächenmitte heraus.

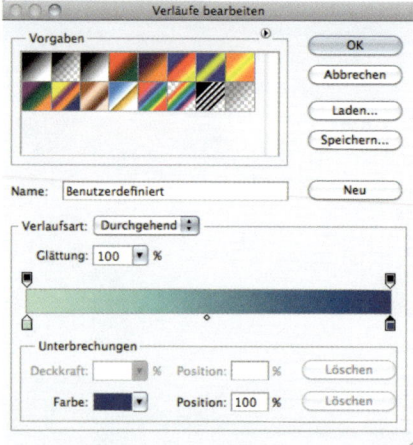

Bei einer Kugel aus nicht lichtdurchlässigem Material wird die untere Kante weiter abgedunkelt und benötigt als Füllmethode *Multiplizieren* und in der Farbwahl *Schwarz*.

Bei einer Glaskugel bzw. einer Seifenblase sieht die Sache etwas anders aus: Farbwahl *Weiß*, Füllmethode *Hinzufügen*. Damit bekommt der untere Rand die durch Lichtbrechung hervorgerufene Lichtkante. Deaktivieren Sie die Option *Globales Licht verwenden*. Mit dem *Winkel* justieren Sie die Lichtkante ein.

Wechseln Sie im *Ebenen*-Bedienfeld zur mittleren Ebenenkopie und verstärken Sie den Randeffekt der Kugel. Im *Ebenen*-Bedienfeld reduzieren Sie *Fläche* auf *0 %*. Der Unterschied zwischen *Deckkraft* und *Fläche* besteht darin, dass die Ebenenstile bei Letzterem voll erhalten bleiben, während das Objekt selbst unsichtbar wird.

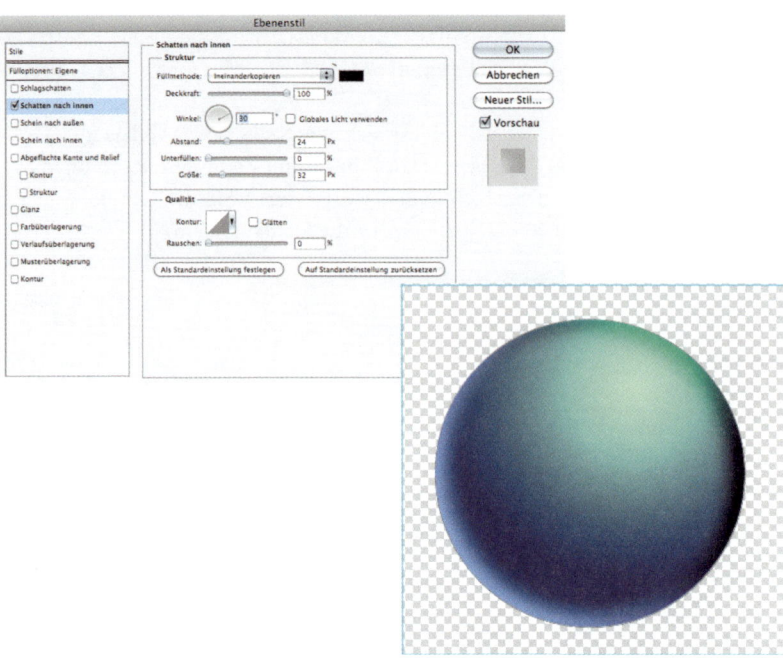

Lichtquelle einer Studioausleuchtung simulieren

Die obere der drei Ebenenkopien wird zu einer kleineren Ellipse skaliert. Je glän-
zender eine Oberfläche ist, desto mehr spiegeln sich die umliegenden Objekte, besonders die Lichtquellen. Diese Fläche soll die Lichtquelle einer Studioausleuchtung
simulieren.

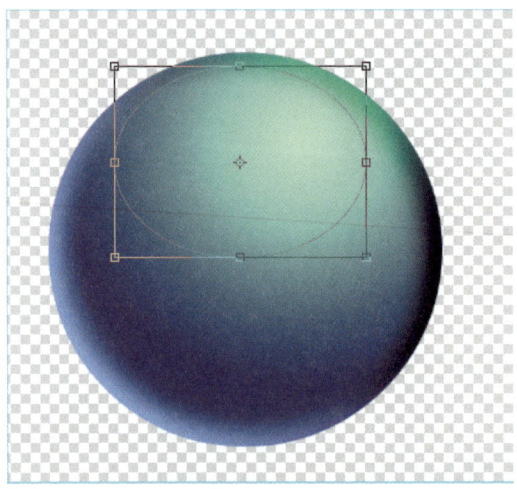

Definieren Sie als Vordergrundfarbe *Weiß* und aktivieren Sie dann den Ebenenstil *Verlaufsüberlagerung*. Der lineare Verlauf wird nach unten hin schwächer, deshalb wählen Sie die Verlaufsart *Vordergrundfarbe zu Transparent* aus. Den Verlauf passen Sie entweder über die Skalierung an oder indem Sie wieder mit der Maus in den Verlauf klicken und ziehen.

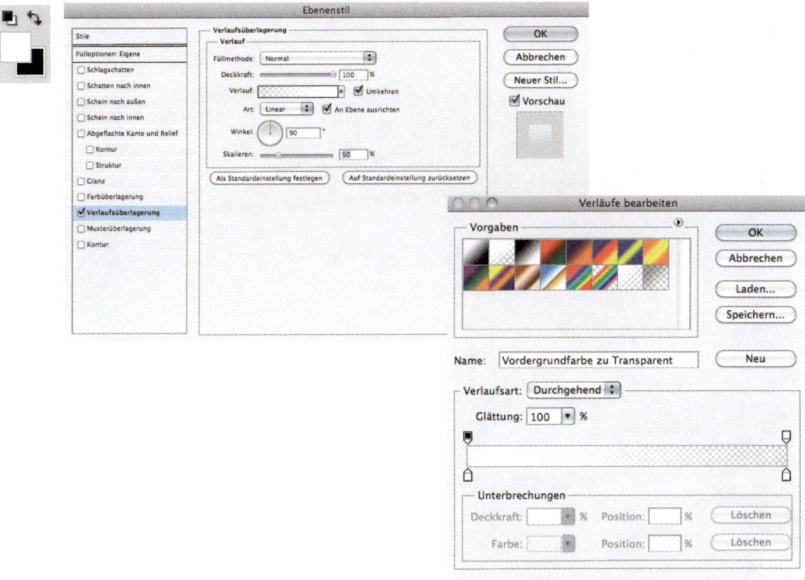

Die fertige blaue Glasmurmel erhalten Sie, wenn alle Ebenenflächen auf *0 %* reduziert werden und gegebenenfalls zusätzlich die *Deckkraft* der oberen Ebenen auf ca. *50 %* reduziert wird.

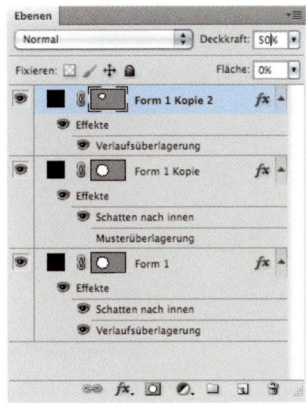

Kugel vor einem Hintergrund platzieren

Damit die Wirkung der Kugel vor einem Hintergrund beurteilt werden kann, platzieren Sie mit *Datei/Platzieren* ein Motiv im Dokument. Passen Sie das geöffnete Bilddokument an Ihre Dokumentfläche an und bestätigen Sie die Skalierung. Wie gut zu erkennen ist, passt die simulierte Studio-Softbox-Lichtquelle als Highlight und Glanzindikator jetzt nicht mehr zum Gesamtbild. Das soll im letzten Schritt noch schnell angepasst werden.

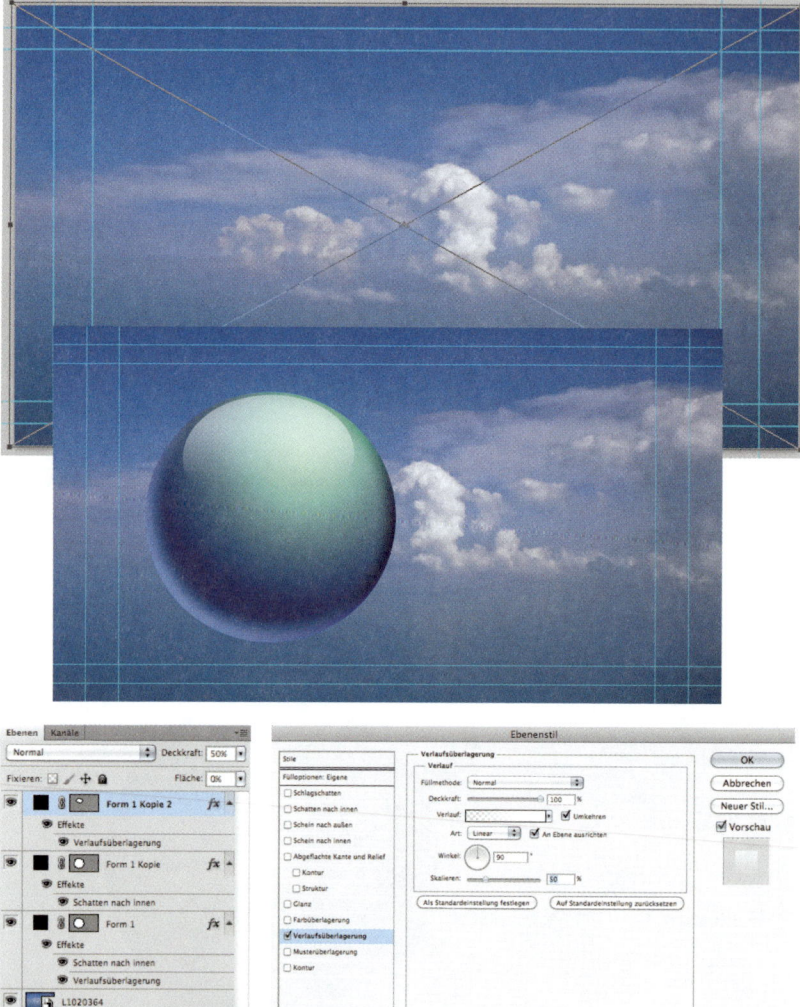

Seifenblaseneffekt durch Reflexionen erzeugen

Eine gute Gelegenheit, unser erstelltes Muster-Kugelflare ins Spiel zu bringen. Eine typische Eigenschaft von Glas sind kräftige Reflexionen. Die zuvor angelegte Musterdatei wird hier als Ebenenstil zugewiesen, etwas in der Größe angepasst und zurechtgeschoben. Diese Reflexion wird auf einer schwarzen Fläche angelegt. Schwarz kann mit der Füllmethode *Negativ multiplizieren* unsichtbar gemacht werden, und alle helleren Elemente scheinen durch.

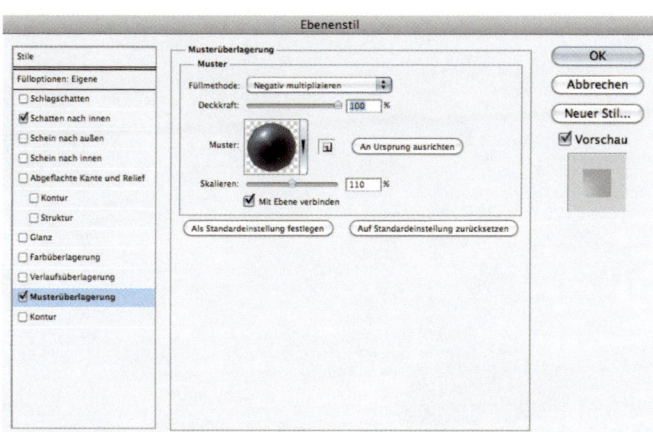

Für den Seifenblaseneffekt wird dann die Reflexion der oberen Ebene wieder deaktiviert; ebenfalls der Farbüberlagerungseffekt der unteren Kugelebene. Wenn Sie alle Flächenwerte der Kugelebenen auf *0 %* reduziert haben, schwebt jetzt eine nahezu realistische Seifenblase im Bild.

Dreidimensionale Objekte mit Repoussé

Nennen Sie Photoshop CS5 in der Extended-Version Ihr Eigen, steht Ihnen mit *Repoussé* ein starker 3-D-Modeller zur Verfügung, mit dem auch nicht geübte Anwender verhältnismäßig schnell aus zweidimensionalen Formen dreidimensionale Objekte erzeugen können. Lernen Sie nun die grundlegende Arbeitsweise von Repoussé am Beispiel eines 3-D-Textobjekts kennen.

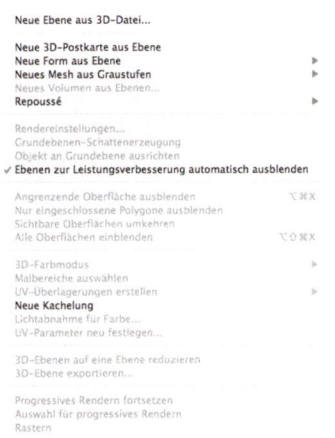 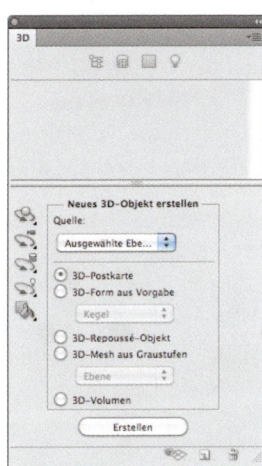

Links das **3D**-Menü und rechts das **3D**-Bedienfeld.

Zu Beginn erstellen Sie mit dem *Horizontalen Text-Werkzeug* in einem leeren Dokumentfenster ein Textelement. Anschließend wählen Sie im Menü *3D* den Eintrag *Repoussé/Textebene*. Alternativ zum Weg über das Menü geht es über das Bedienfeld *3D*. Aktivieren Sie hier das Optionsfeld *3D-Repoussé-Objekt* und klicken Sie danach auf *Erstellen*. Photoshop meldet, dass die Textebene für die Weiterverarbeitung gerendert werden muss. Bestätigen Sie die Meldung mit *Ja*.

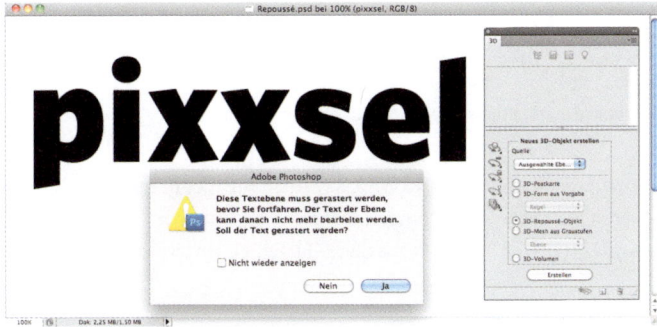

Bevor das Textelement in Repoussé modelliert werden kann, muss die Textebene gerastert werden.

Repoussé erzeugt nun aus dem gerasterten Textelement ein 3-D-Objekt. Dessen Form kann extrudiert werden, die Oberflächen können mit Materialien belegt werden, und Sie können es im 3-D-Raum individuell positionieren. Das gesamte Raytracing wird über die Einstellungen im Bedienfeld *Repoussé* gesteuert.

Im Bereich der *Repoussé-Formvorgaben* finden Sie ein Gruppe vordefinierter Körper, die auf Objekte angewendet werden können. Der Bereich *Materialien* wurde weiter ausgebaut. Hier legen Sie Oberflächentexturen fest. *Abgeflachte Kante* wendet abgeflachte Kanten auf die Vorder- oder Rückseite des Objekts an. Die Breite und die Neigung von Objekten steuern Sie mit den Einstellungen im Bereich *Extrudieren*. Für die Beleuchtung und die Wirkung der Objektoberflächen verwenden Sie die *Szeneeinstellungen*. Muss die Vorder- oder Rückseite eines Objekts erweitert oder verkleinert werden, machen Sie das mit den Einstellungen im Bereich *Aufblasen*. Mit *Interne Constraints* bearbeiten Sie gezielt die Auflösung des 3-D-Netzes. Mithilfe der Constraint-Werkzeuge passen Sie die Kurven entlang eines Pfads an.

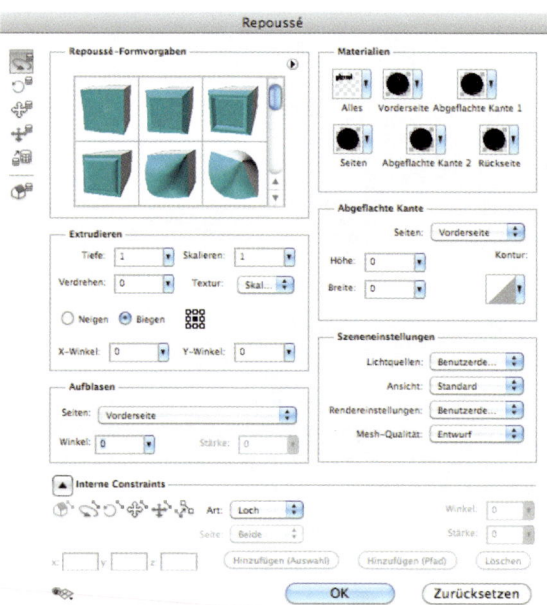

Mit dem Bedienfeld **Repoussé** bietet Photoshop einen kompletten Raytracer.

Für die Vorderseite und die Seiten des Textobjekts wählen Sie im entsprechen Dropdown-Menü des Bereichs *Materialien* passende Texturen aus. Mit der *3D-Achse* oben links im Dokumentfenster bewegen Sie das 3-D-Objekt im Raum.

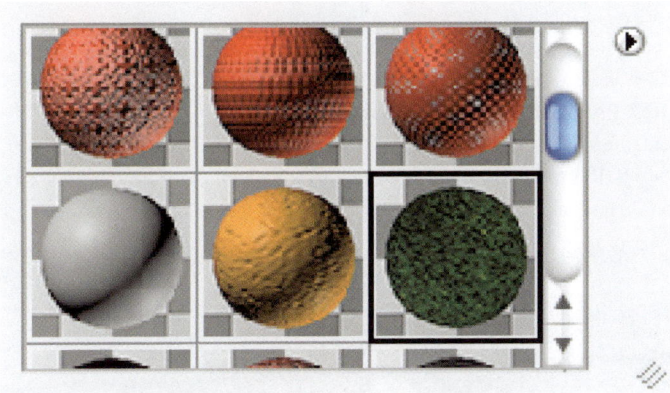

Auswahl passender Materialien.

Das texturierte 3-D-Objekt kann vor dem Rendern mit der *3D-Achse* von allen Seiten betrachtet werden.

5 HDR- und Panoramabilder

Auch dem Wunsch vieler Photoshopper nach einer besseren HDR-Funktion wurde entsprochen. HDR Pro heißt die neue Funktion, mit der jetzt sowohl echte HDR-Bilder aus Belichtungsreihen als auch Einzelbilder mit HDR-Effekten erzeugt werden können. Die HDR-Konvertierung, das Zusammenfügen der Einzelbilder, entspricht dem Verfahren, das Sie bereits von Photoshop CS4 kennen.

Aus einer Belichtungsreihe, bestehend aus drei Einzelbildern, soll ein Postkarten-HDR erzeugt werden.

Perfekte Belichtungsreihen aufnehmen

Um eine perfekte Belichtungsreihe zu schießen, die zu einem HDR-Bild kombiniert werden kann, müssen Sie beim Fotografieren so penibel wie möglich vorgehen. Selbst wenn nur ein Einzelbild verwackelt ist, ist die Belichtungsreihe für die HDR-Konvertierung unbrauchbar. Eine Belichtungsreihe sollte im Idealfall den tatsächlichen Kontrastumfang einer Szene komplett abdecken. Das bedeutet, auf den hellsten Bildern sollten die Details in den tiefen Schatten erkennbar sein, die Lichter fressen hierbei komplett aus. Auf den dunkelsten Bildern der Reihe sind dagegen die Details in den Lichtern perfekt erfasst. Drei Faktoren sind für die professionelle Erzeugung eines HDR-Bildes besonders wichtig:

1. Damit die Einzelbilder möglichst exakt übereinstimmen, fotografieren Sie mit einem Stativ.

2. Bei der Belichtungsreihe muss die Blende gleich bleiben, während die Verschlusszeit variiert wird. Die Veränderung der Blende würde zu unterschiedlicher Schärfentiefe in den Bildern führen, was das Resultat verschwimmen ließe.

3. Die Aufnahmen der Belichtungsreihe müssen deutlich unterschiedlich belichtet sein, um den tatsächlichen Dynamikumfang einer Szene komplett zu erfassen. Fotografieren Sie am besten mit Unterschieden von 2 Lichtwerten.

Nach diesem kleinen Exkurs zurück zur HDR-Konvertierung mit HDR Pro. Sie haben eine Belichtungsreihe, bestehend aus drei Einzelbildern im JPEG-Format, erstellt. Übrigens, mit Einzelbildern im unbearbeiteten RAW-16-Bit-Format erreichen Sie einen noch höheren Dynamikumfang als mit JPEG-Dateien.

Um in HDR Pro alle Möglichkeiten der Bildbearbeitung zu nutzen, konvertieren Sie die Bilder wieder in die 16- bzw. 8-Bit-Datentiefe. Speichern Sie jeweils Kopien der angepassten Einstellungen, um das Original unverändert beizubehalten.

Einzelbilder zu HDR Pro zusammenfügen

Starten Sie Photoshop und wählen Sie im Menü *Datei* die Funktion *Automatisieren/ Zu HDR Pro zusammenfügen*. Im gleichnamigen Dialogfeld wählen Sie die Dateien der Belichtungsreihe aus. Mit der Funktion *Quellbilder nach Möglichkeit automatisch ausrichten* versucht Photoshop, mögliche Verwackler auszugleichen. Dadurch erhöht sich jedoch der Rechenaufwand des Computers erheblich; je nach Größe und Anzahl der Einzelbilder kann es zu längeren Wartezeiten kommen. Bestätigen Sie Ihre Einstellungen mit *OK*.

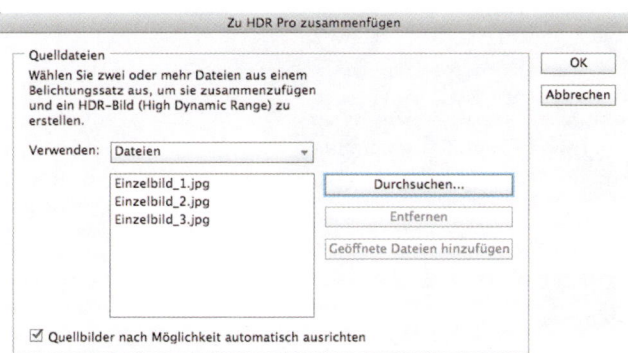

Einzelbilder für die HDR-Konvertierung laden.

Nach einem kurzen Moment öffnet sich der neue Dialog *Zu HDR Pro zusammen-fügen*. Im Vergleich zu CS4, wo man zunächst nur die Bittiefe und die Weißpunkt-vorschau einstellen konnte, sind im HDR Pro-Dialog einige Einstellungsmöglich-keiten mehr hinzugekommen. Neu ist die Option *Geisterbilder entfernen*. Bewegt sich während der Erstellung der Belichtungsreihe ein Objekt im Bild, z. B. eine Blume oder der Zweig eines Baums, konzentriert sich die Funktion *Geisterbilder entfernen* auf ein Referenzbild der Belichtungsreihe.

HDR Pro-Einstellungen festlegen

Aktivieren Sie das Kontrollkästchen *Geisterbilder entfernen* und stellen Sie unter *Modus* die Datentiefe der Einzelbilder ein, hier *16-Bit*. Als Konvertierungsmethode wählen Sie im Listenfeld den Eintrag *Lokale Anpassung*. Damit stehen Ihnen detail-lierte Einstellungsmöglichkeiten zur Verfügung. Die Regler *Radius* und *Stärke* legen die Größe der lokalen Helligkeitswerte und die Distanz zwischen den Tonwerten fest. Im Beispiel erkennen Sie die Auswirkung an den Konturen der Tannen und des Dachs, die einen leichten Schein nach außen aufweisen.

Mit dem Regler *Gamma* regeln Sie die Kontraste. Der Regler *Belichtung* passt die Lichter der Tonwertskala an und behält extreme Tiefen so weit wie möglich bei. Mit dem Regler *Detail* drehen Sie an der Schärfe des Bildes. Zu dunkle oder zu helle Bildbereiche justieren Sie mit den Reglern *Tiefen* und *Lichter* nach. Zum Abschluss intensivieren Sie mit den Reglern *Dynamik* und *Sättigung* die Farben des Bildes und bestätigen die getroffenen Einstellungen mit *OK*.

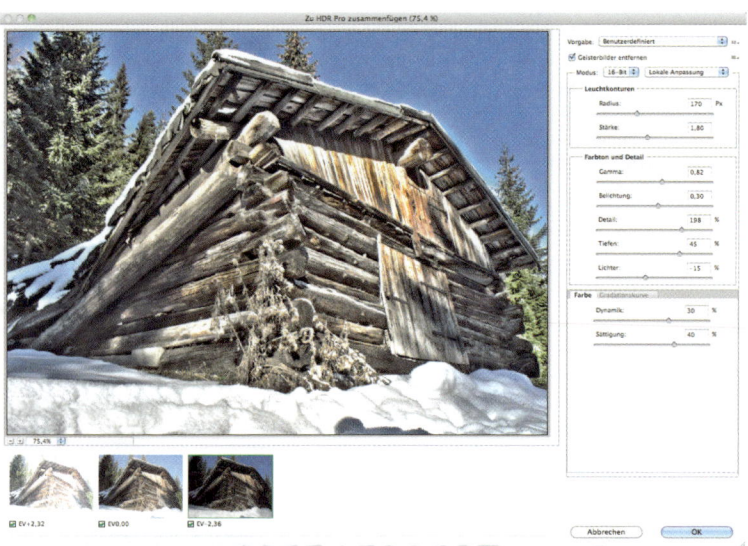

Neue Einstellungsmöglichkeiten für die Konvertierung von HDR-Bildern.

Die Konvertierung bzw. das Zusammenfügen der Bilder dauert ein paar Sekunden. Danach wird das fertige HDR-Bild in einem neuen Dokumentfenster angezeigt. Nun können Sie das Bild in Photoshop weiterbearbeiten. In diesem Beispiel wurde das Bild am unteren Bildrand beschnitten und anschließend als JPEG-Bild abgespeichert.

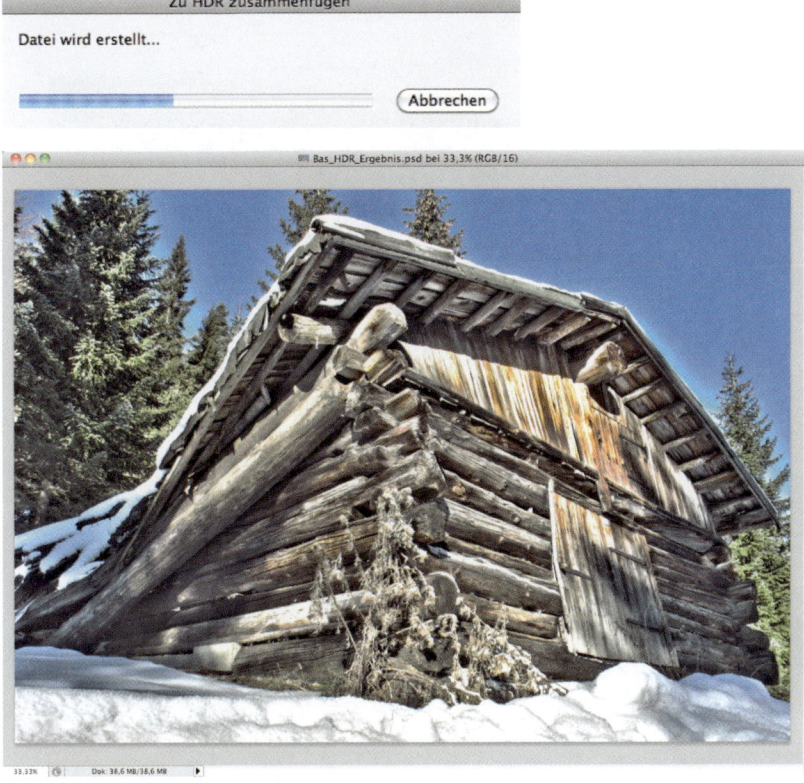

HDR Pro ist eine bemerkenswerte Weiterentwicklung der bislang noch schwachen HDR-Funktion und kann sich jetzt durchaus mit Stand-alone-HDR-Tools messen.

HDR-Tonung simulieren

Neu in Photoshop CS5 ist auch die Hinzunahme einer Nachbearbeitungstechnik, die aus einer gewöhnlichen Aufnahme ein farbstrotzendes, teilweise künstlich anmutendes Bild zaubert. Diese Technik gleicht „fast" dem Ergebnis einer HDR-Aufnahme, setzt aber keine Belichtungsreihe voraus.

Vorher: Ein schöner Oldtimer an einem idyllischen Plätzchen irgendwo in Schweden. Leider ist der Hintergrund zu unruhig und die Bildstimmung insgesamt zu flach.

Nachher: Nach der HDR-Tonung präsentiert sich ein ganz anderes Bild. Die Kurven des Oldtimers dominieren, der Hintergrund wirkt plakativ – die ideale Bühne für das Hauptmotiv.

Ebene für die HDR-Tonung erstellen

Auch neu in Photoshop CS5 ist ein Bearbeitungseffekt, der den Look eines HDR-Bildes simuliert. Ausgangspunkt ist dabei eine Hintergrundebene, die, wenn nicht vorhanden, automatisch aus vorhandenen Ebenen zusammengefügt und generiert wird. Auch wenn Sie diesen Effekt auf einer neuen Ebene erstellen möchten, gibt Ihnen Photoshop keine Chance. Alles wird auf eine Hintergrundebene reduziert. Erstellen Sie für die HDR-Tonung eine separate Ebene und konvertieren Sie diese in ein Smart-Objekt.

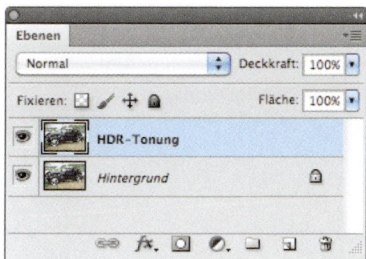 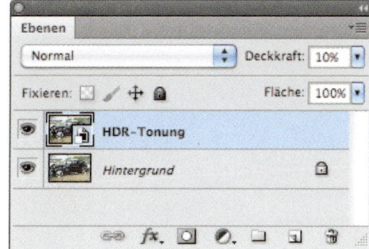

Tonung starten und Einstellungen vornehmen

Starten Sie jetzt über das Menü *Bild/Korrekturen* die neue Funktion *HDR-Tonung*. Bestätigen Sie die Meldung *HDR-Tonung reduziert das Dokument* mit *Ja*.

Das Zusammenspiel der Einstellungsmöglichkeiten bietet so viele Varianten, dass man doch schnell in der Bildbeurteilung überfordert ist. Zum Glück wirkt die automatische Interpretation schon ansprechend, jedoch hat Adobe noch einige weitere interessante Presets beigefügt.

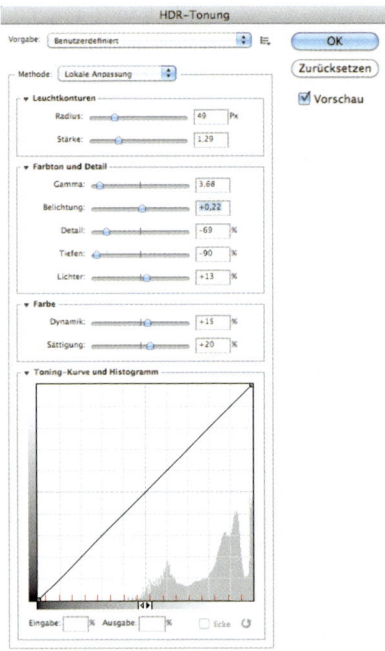

Insgesamt 13 Vorgaben stehen zur Verfügung. Probieren Sie alle Vorgaben aus und nehmen Sie diese Basis für Ihren individuellen HDR-Look zwischen fotorealistisch und abstrakt.

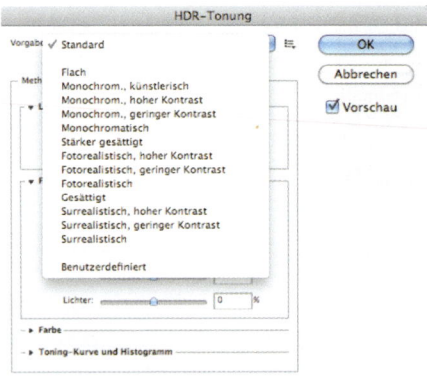

Vorgabe: *Monochro-matisch, künstlerisch*.

Vorgabe: *Stärker gesättigt*.

Vorgabe: *Surrealistisch*.

Mit dem Protokollpinsel malen

Eine weitere Möglichkeit zur individuellen Gestaltung ist das Malen mit dem Protokollpinsel. Damit können Sie, vereinfacht gesagt, Pixel aus der Vergangenheit ins
Jetzt übertragen. Gefällt Ihnen eine Bildstelle aus einem Schnappschuss besonders
gut, setzen Sie das *Protokollpinsel*-Symbol in das links dazugehörige Kästchen.
Markieren Sie den Schnappschuss oder letzten Arbeitsschritt, auf den Sie die Pixel
übertragen wollen, im *Protokoll*-Bedienfeld. Dieser Bildzustand wird Ihnen dann
auf der Arbeitsfläche angezeigt, und Sie können mit dem *Protokollpinsel-Werkzeug*
die Pixel übertragen.

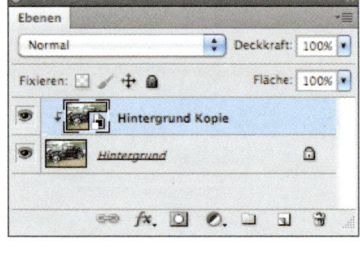

> ### TIPP ◄
>
> Bei solch einem märchenhaften Fotolook darf eine romantisch angehauchte Vignet-
> tierung nicht fehlen. Viele Vorgehensweisen bieten sich dafür an, beispielsweise das
> Abdunkeln der Ränder mit einer Gradationskurven-Einstellungsebene, in der die Bild-
> mitte von der Veränderung abmaskiert wird. Oder weisen Sie der HDR-Tonungsebene
> eine Maske zu und übermalen Sie die Bildränder und Ecken in der Maske mit einem
> großen weichen Pinsel.

Panoramabilder erstellen

Eine automatisierte Funktion, die Photoshop perfekt beherrscht, ist die Erstellung eines Panoramas aus sich teilweise überlappenden Bildern. Kaum vorstellbar, dass es hier noch etwas zu verbessern gab. Sehen Sie in diesem Workshop, wie durch das Zusammenspiel mit den neuen Funktionen in CS5 die Panoramaerstellung noch verbessert werden kann.

Einzelaufnahmen auswählen

Der beste Ausgangspunkt, um mehrere Fotos zu kombinieren, ist die Bridge. Hier können Sie bequem festlegen, welche Bilder automatisch zusammengesetzt werden sollen. Wählen Sie danach aus dem Menü *Werkzeuge/Photoshop* den *Photomerge-Dialog.*

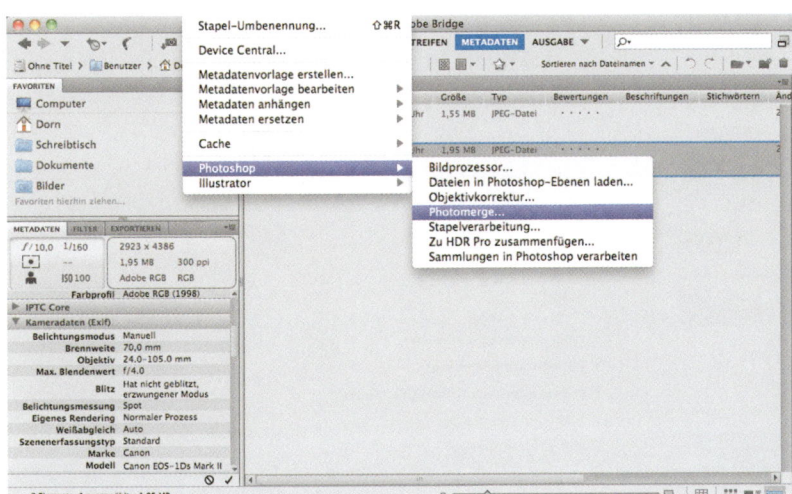

Ebenso gut können Sie aber auch in Photoshop starten, wenn Sie schon genau wissen, welche Bilder Sie für die Komposition verwenden wollen. Mit dem Befehl *Skripten* aus dem Menü *Datei* können Sie die Bilddokumente anwählen und laden. Im Dialogfeld *Ebenen laden* wählen Sie die Dateien, die zusammengefügt werden sollen. Sparen Sie Bearbeitungszeit, indem Sie die Befehlsergänzungen aktivieren und von Photoshop automatisch durchführen lassen: *Bilder zusammen überblenden* sorgt für eine angeglichene Farb- und Belichtungskorrektur. *Vignettierungsentfernung* entfernt die Weitwinkeleckabschattungen automatisch.

Die Korrektur der geometrischen Verzerrung ist nur bei extremen Weitwinkelobjektiven, die zu Tonnenverzerrungen neigen, zu aktivieren.

Projektionsart bestimmen

Mit dem *Layout Perspektivisch* wird das Mittelbild als Referenzbild angelegt, und daran werden weitere Bilder überlappt. Die Seitenbilder können dabei neu positioniert, gedehnt oder gestaucht werden. *Zylindrisch* ist gut für besonders breite Panoramen. Stauchungen und Dehnungen werden weitestgehend vermieden. Mit *Kugelförmig* gelingen 360-Grad-Panoramen am besten, hier entspricht die Optik der Auskleidung einer Kugel von innen. *Collage* richtet die Bilder mit Verzerrungen einander überlappend aus, *Repositionieren* ohne Verzerrungen.

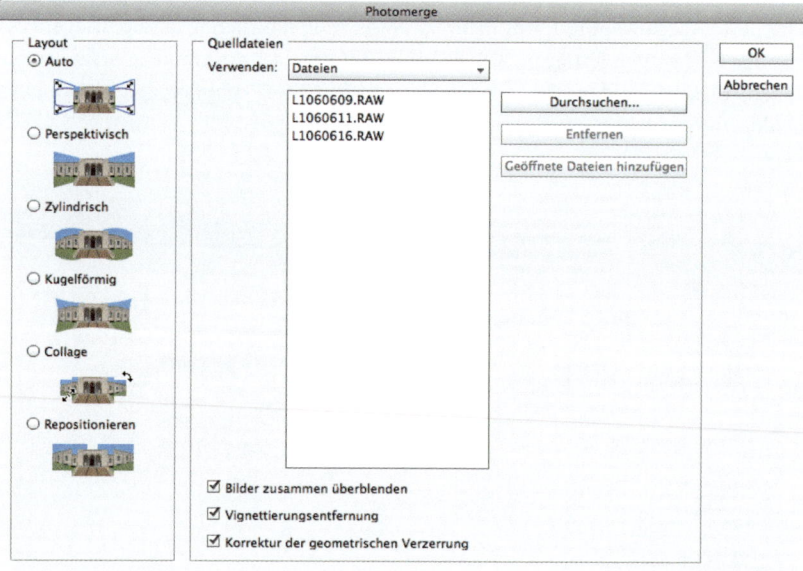

Vertrauen Sie der Standardfunktion *Auto*, sie entscheidet treffsicher die passende Panoramaerstellung. Alle Bilder werden automatisch angeordnet und mit Masken nahtlos perfekt miteinander vernäht.

Horizontverbiegungen ausgleichen

Um Horizontverbiegungen auszugleichen, ziehen eine Hilfslinie ins Bild hinein und positionieren diese über dem Horizont. Sind die Lineale bei Ihnen am oberen und linken Bildrand nicht aktiviert, schalten Sie sie über das Menü *Ansicht/Lineale* ein.

Zum Ausrichten benötigen Sie eine eigene Ebene. Entweder reduzieren Sie Ihr Panorama auf die Hintergrundebene, oder Sie fassen alle Ebenen in einer neuen zusammen.

Das Formgitter wieder im Einsatz

Nun kommt wieder die neue Funktion *Formgitter* zum Einsatz, mit der Sie Figuren oder auch ganze Bilder in verschiedene Richtungen verbiegen und verformen können. Wählen Sie im Menü *Bearbeiten* das *Formgitter* aus. Auf der ausgewählten Ebene erscheint damit ein Gitternetz. Verdichten Sie das Gittergeflecht, indem Sie in der Optionsleiste *Dichte: Mehr Punkte* wählen, und schalten Sie die Option *Gitter einblenden* aus.

Klick für Klick können jetzt Pins auf der Ebene angebracht werden, die als gelbe Punkte dargestellt werden. Es empfiehlt sich, mit einer Reihe von Kontrollpunkten die Ebene zuerst einmal zu fixieren (mindestens drei), bevor man mit dem Verbiegen beginnt.

Mit einem angewählten Pin können Sie jetzt den Ebenenbereich verschieben. Nutzen Sie am besten die Pfeiltasten für eine pixelgenaue Korrektur. Sie können bei Bedarf auch mehrere Pins auswählen – [Umschalt]-Taste gedrückt halten – und gemeinsam verschieben. Orientierung gibt Ihnen dabei die Hilfslinie. Bestätigen Sie die Änderungen mit einem Doppelklick. Der mittlere Pin wurde mit der Pfeiltaste aufwärts bewegt, die beiden äußeren abwärts.

Zuschnittbereiche erfassen und nachbearbeiten

Verbleiben um das Panorama herum noch die Transparenzbereiche, die bislang einfach weggeschnitten wurden, sollen diese im nächsten Schritt automatisch aufgefüllt werden. Erstellen Sie eine Auswahl der Transparentbereiche und erweitern Sie danach die Auswahl über das Menü *Auswahl/Auswahl verändern/Auswahl erweitern*, damit ein überlappender Rand entsteht.

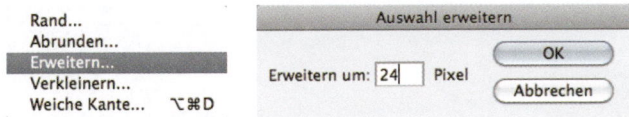

Im Menü *Bearbeiten* öffnen Sie jetzt den *Fläche füllen*-Dialog. Wählen Sie *Inhaltssensitiv* und bestätigen Sie mit *OK*. Alle ausgewählten Bereiche werden mit vorhandenen Bildelementen aufgefüllt.

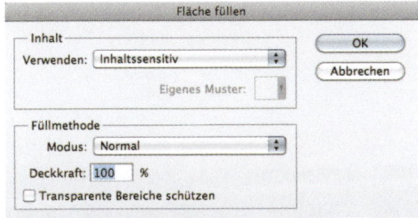

Viele Werkzeuge sind in Photoshop CS5 überarbeitet worden. Davon profitierte auch das *Freistellungswerkzeug*, das mit einer erweiterten Ansichtshilfe ausgestattet wurde. Nicht immer, aber oft kommt die Bildwirkung dann gut zur Geltung, wenn sich der Horizont im oberen oder unteren Bilddrittel befindet. Diese klassische Drittelteilung kann als Option jetzt eingeblendet werden.

Freigest. Ber.:
Löschen
Ausblenden
Hilfslinien:
Drittel-Regel
Abdunkeln
Farbe:
Deckkr.:
75%
Perspektivisch
Ohne
Drittel-Regel
Raster

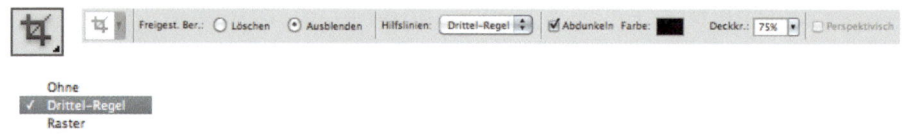

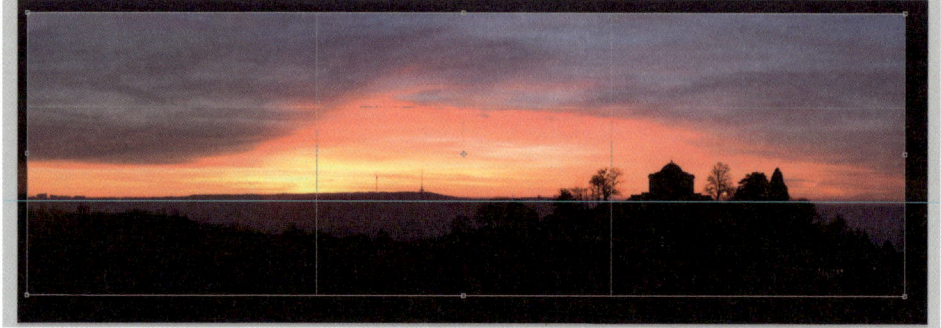

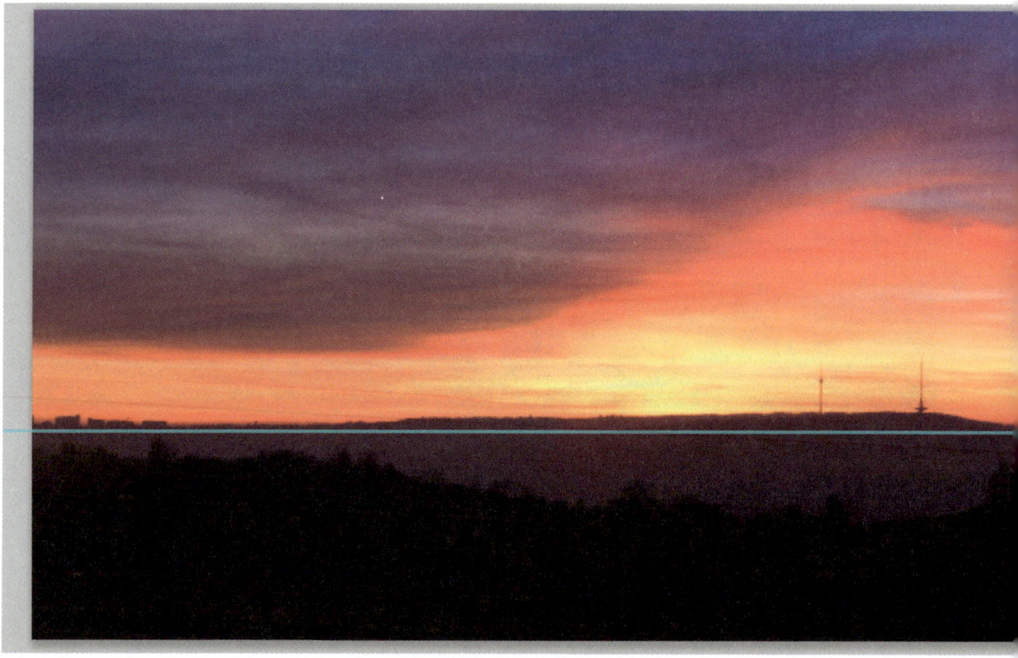

Bei solch einem farbenreichen Stuttgarter Abendhimmel kann über die *Dynamik*-Einstellungsebene das Farbenspiel weit besser ausgereizt werden als mit *Farbton/Sättigung*. Auch wenn beide *Korrekturen*-Bedienfelder über einen Sättigungsregler verfügen, ist die Wirkung völlig unterschiedlich. Probieren Sie es aus.

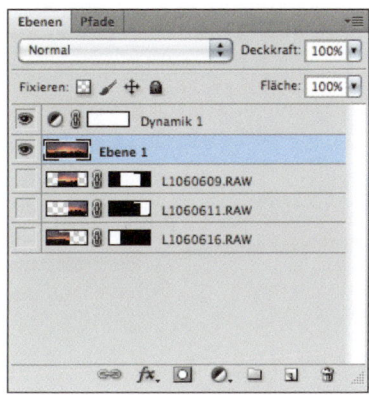

Panoramaretuschetricks

Photomerge macht einen unglaublich guten Job im automatischen Ausrichten und in der Überblendung von Fotos. Aber gelegentlich gibt es doch einige Ausnahmen, die dann manuell abgestimmt werden müssen. In diesem Workshop geht es um Panoramafotos, die sich zwar überlappen, aber mit dem bildwichtigen Motiv ein Problem haben.

Vorher: Können sich zwei Schnappschüsse, ohne Stativ und von leicht unterschiedlichen Standorten aufgenommen, zu einem Bild ergänzen?

Nachher: Mit einem kleinen Trick, mit dem Sie die *Photomerge*-Automatik austricksen, können Sie auch Panoramen mit bewegten Motiven zusammenfügen.

Ausgangsort: die Bridge

Der Ausgangsort ist wie so oft die Bridge. Beide Fotos, die zusammengefügt werden sollen, wurden zuvor in Camera Raw geöffnet und angeglichen. Über das Menü *Werkzeuge/Photoshop/Photomerge* übergeben Sie anschließend beide Bilddateien zum Vernähen.

Automatische Überblendung erzeugen

Wir möchten bei der Bildzusammenführung jeden Schritt beobachten und kommentieren und haben deshalb die Automatik *Bilder zusammen überblenden* deaktiviert. Dieser Schritt kann auch in Photoshop nachträglich durchgeführt werden. Beide Bilder werden jetzt in Photoshop in einer Datei auf unterschiedlichen Ebenen platziert und angepasst. Danach können die Ebenen nach Bedarf umsortiert werden.

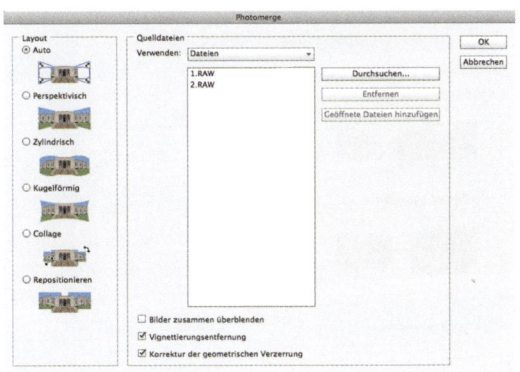

Die automatische Panoramaüberblendung mit Abdeckmasken und die farbliche Angleichung der Aufnahmen veranlassen Sie mit dem Menübefehl *Bearbeiten/Ebenen automatisch überblenden*. Damit dieser Befehl zugänglich und nicht abgeblendet erscheint, müssen mindestens zwei Ebenen in der *Ebenen*-Palette ausgewählt sein. In diesem Arbeitsschritt haben wir zur Demonstration die Option *Nahtlose Töne und Farben* aktiviert.

Das erste Ergebnis beurteilen

Photomerge hat eigentlich ein wunderbares Ergebnis abgeliefert und beide Fotos kompromisslos überblendet. Die Software kann nicht wissen, dass das graubunte Weidevieh nicht zur Umgebung gehört und weiterhin als Motivvordergrund bewahrt bleiben soll. Und jetzt wird auch das eigentliche Problem erkennbar: Eine Nachbearbeitung ist wegen der farblichen Überblendung nicht mehr möglich – trotz aller Automatik, hier kommen Sie nicht weiter. Also noch mal mit [Befehlstaste]+[Z] einen Schritt zurück.

Ebenen automatisch überblenden

Wählen Sie wieder die Ebenen im *Ebenen*-Bedienfeld aus und aktivieren Sie den Dialog *Ebenen automatisch überblenden*. Bevor Sie die Bildebenen verrechnen lassen, wird die Option *Nahtlose Töne und Farben* wieder deaktiviert. Das Ergebnis sieht auf den ersten Blick identisch aus: Wieder fehlt das halbe Vieh.

Der Vorteil hier: Die Bilder sind farblich nicht angeglichen! Sie haben eine Abmaskierung erhalten – und Sie können es sehr gut erkennen: Der Himmel und auch die Kuh sind mit einer harten Maskenkante versehen, die in den folgenden Schritten leicht nachbearbeitet werden kann.

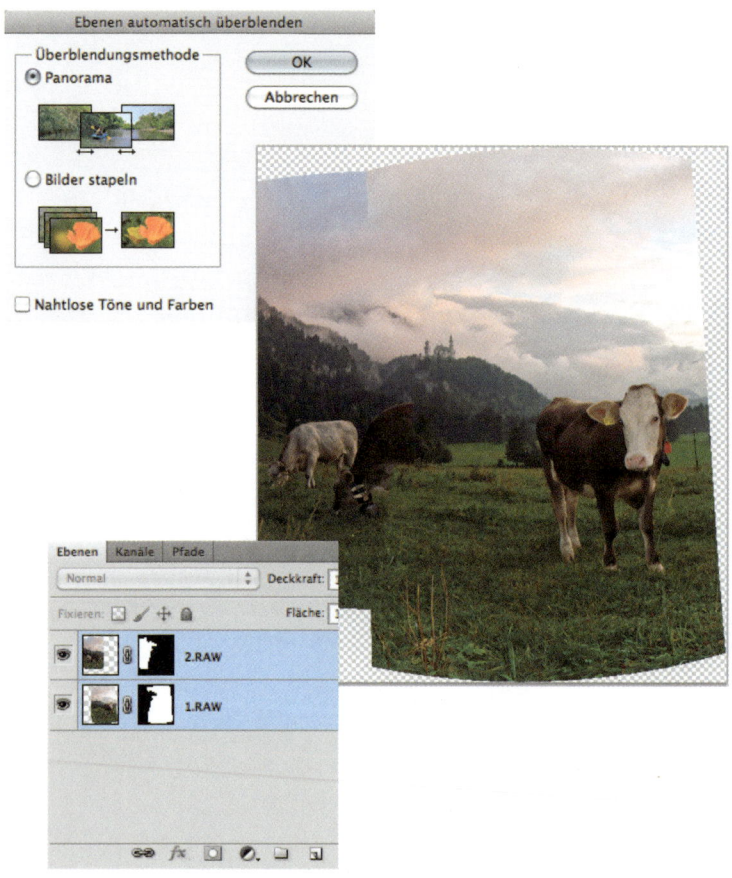

Beide Ebenenmasken müssen jetzt um die Kuhkontur manuell ergänzt werden. Deaktivieren Sie zuerst die Maske, die das Weidevieh ausblendet. Halten Sie die [Umschalt]-Taste gedrückt und klicken Sie mit der Maus die Ebenenmaske an. Die deaktivierte Maske erkennen Sie am roten *X*.

Auswahlbereiche erstellen und speichern

Mit dem gewöhnlichen *Lasso-Werkzeug* umfahren Sie die Kontur der Kuh – in einem respektvollen Abstand. Dieser Sicherheitsabstand wird für die spätere Farbangleichung benötigt und sollte nicht zu knapp bemessen sein. Achten Sie auf die Lassooptionen: *Weiche Kante* auf *0 Px* setzen und *Glätten* deaktivieren.

Die erstellte Auswahl sichern Sie über das Menü *Auswahl/Auswahl speichern*. Vergeben Sie im *Speichern*-Dialog einen Namen und bestätigen Sie mit *OK*. Die Auswahl verschwindet und findet sich bei den Kanälen als neuer Alphakanal wieder.

Eine Maskenkorrektur durchführen

Wenn Sie sich die automatisch erstellten Ebenenmasken genau ansehen, stellen Sie fest, dass beide identisch sind und nur invertiert angewendet wurden. Vollkommen identisch? Nein, die Maskenkante überlappt sich um ein paar Pixel. Dieser Aspekt muss bei der jetzt folgenden Maskenkorrektur berücksichtigt werden.

Aktivieren Sie im *Kanäle*-Bedienfeld die abgespeicherte Auswahl. Dazu klicken Sie den gepunkteten Kreis am unteren Bedienfeldrand an. Über *Auswahl/Auswahl verändern/Verkleinern* wird die bestehende Auswahlfläche nachträglich um *2 Pixel* verkleinert. Aktivieren Sie die RGB-Ebenen und wechseln Sie zurück auf das *Ebenen*-Bedienfeld.

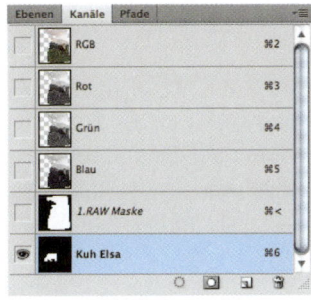 

Die untere Ebenenmaske wird nun um den aktiven Auswahlbereich korrigiert. Da diese Maske unterhalb liegt, wird der Bereich mit *Schwarz* gefüllt und damit ausgeblendet – also nicht sichtbar gemacht. Der Farbwähler in der Werkzeugpalette sollte mit den Standardfarben gefüllt sein – Taste [D] drücken –, und achten Sie darauf, dass Sie auch das Maskensymbol im *Ebenen*-Bedienfeld aktiviert haben, erkennbar an einem Rahmen. Der Befehl *Bearbeiten/Fläche füllen* wird den Auswahlbereich mit der Vordergrundfarbe füllen.

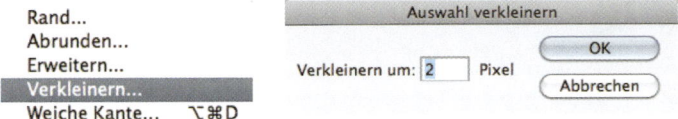

Deaktivieren Sie die Auswahl und wechseln Sie im *Ebenen*-Bedienfeld auf die zweite obere Ebene. Hier muss jetzt das gleiche Spiel wiederholt werden. Nur der Auswahlbereich wird in diesem Fall etwas vergrößert.

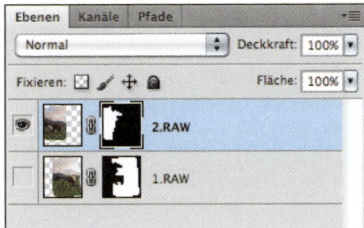

Nachdem die Auswahl im *Kanäle*-Bedienfeld aktiviert wurde, erweitern Sie den Auswahlbereich um *2 Pixel*.

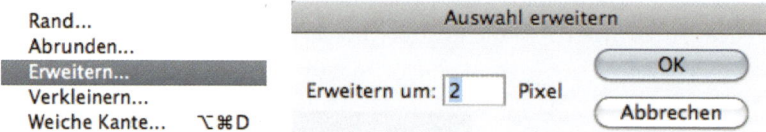

Füllen Sie jetzt den Maskenbereich mit der Hintergrundfarbe. Wenn alle Ebenen und Masken aktiviert und sichtbar sind, sollte auch das Weidevieh auf der Weide stehen. Ihre Kuh hat einen weißen Rand? Ein weißer Rand um die Kuh bedeutet, dass Sie die erweiterte und reduzierte Auswahlfläche auf die falschen Ebenenmasken angewendet haben – also zurück über das *Protokoll*-Bedienfeld bis zu Schritt 9.

Ebenen farblich angleichen

Die *Nahtlose Töne und Farben*-Überblendung kann durch Aktivierung beider Ebenen jetzt durchgeführt werden.

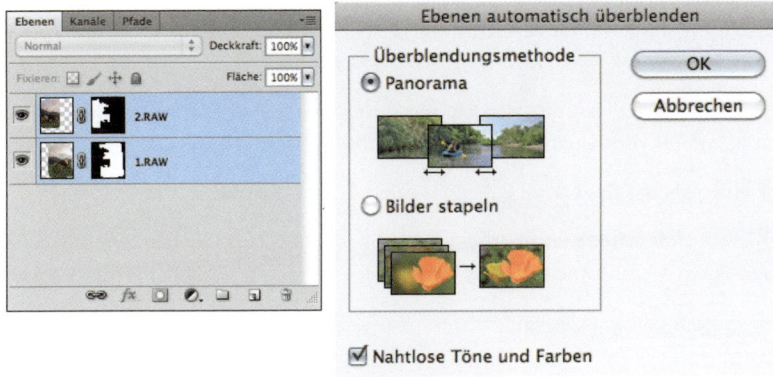

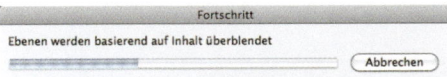

Die Panoramaüberblendung hat die Dokumentränder nicht vollständig abdecken können. Diese werden durch transparente Flächen ergänzt. Die neue inhaltssensitive *Fläche füllen*-Funktion kann keine Wunder vollbringen, doch wenn bestimmte Voraussetzungen erfüllt sind, vielleicht ein kleines:

1. Der nicht ausgewählte Bereich muss deutlich größer sein als der ausgewählte.

2. Es muss vorstellbar sein, den ausgewählten Bereich aus Informationen des Umfelds rekonstruieren zu können.

3. Je einheitlicher das Umfeld, desto besser wird das Ergebnis sein.

Erstellen Sie eine neue zusammenfassende Ebene und führen Sie den Befehl *Fläche füllen* aus dem Menü *Bearbeiten* aus.

Auf das passende Format zuschneiden

Irgendwie sagt das Bauchgefühl, dass das vorliegende Format unharmonisch wirkt. Technisch ist ein Querformat kein Problem, doch bei diesem Motiv bietet sich eher ein schlankes Hochformat an.

Wählen Sie das *Freistellen-Werkzeug* aus und ziehen Sie den Freistellungsrahmen auf. Entfernen Sie unten etwas vom guten Weideland und geben Sie dafür etwas mehr vom bayerischen Abendhimmel hinzu. Mit Rücksichtnahme auf die Drittelteilung fehlt am oberen Dokumentrand wieder etwas Bild.

Eine denkbar schnelle Lösung bietet die Funktion *Inhaltsbewahrendes Skalieren*: einfach anwählen, den folgenden Skalierungsrahmen dem Dokumentformat anpassen, bestätigen und fertig.

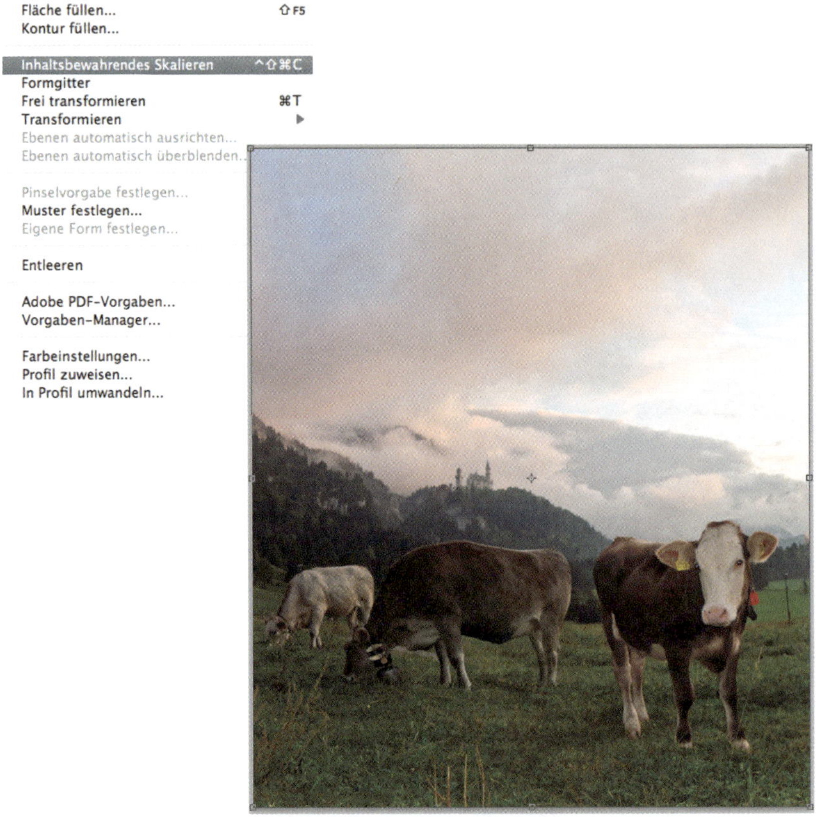

Fläche füllen...	⇧ F5
Kontur füllen...	
Inhaltsbewahrendes Skalieren	⌃⇧⌘C
Formgitter	
Frei transformieren	⌘T
Transformieren	▶
Ebenen automatisch ausrichten...	
Ebenen automatisch überblenden...	
Pinselvorgabe festlegen...	
Muster festlegen...	
Eigene Form festlegen...	
Entleeren	
Adobe PDF-Vorgaben...	
Vorgaben-Manager...	
Farbeinstellungen...	
Profil zuweisen...	
In Profil umwandeln...	

Inhaltsbewahrende Retusche durchführen

Bleibt abschließend nur noch die Feinretusche. Einige Gräser hängen bodenlos in der Weide herum, und auch ein Flutlichtmast am rechten Rand passt nicht so recht ins idyllische Postkartenmotiv. Für diese Aufgabe eignet sich bei strukturiertem Untergrund das *Bereichsreparatur-Pinsel-Werkzeug* mit der Fülloption *Inhaltssensitiv* am besten.

Die *Tiefen/Lichter*-Korrektur bietet sich für einen dramatischen Himmeleffekt an. Dunkeln Sie die *Lichter*-Werte etwas ab und heben Sie den *Mittelton-Kontrast* an. Erscheinen die Farben schon recht kräftig im Bild, sollte bei der Farbkorrektur der Neutral- oder sogar der Minusbereich angesteuert werden.

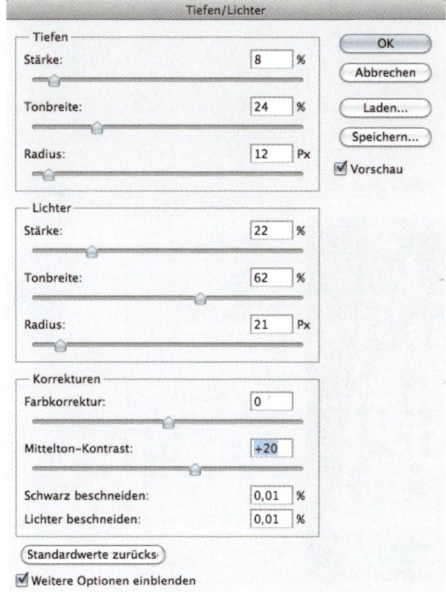

6 Raw-Daten entwicklen

Der Photoshop-RAW-Konverter Camera Raw erhielt einige Detailverbesserungen und ist mittlerweile kompatibel zu mehr als 200 Kameramodellen. Eine Aktualisierung auf die neueste Version mit Unterstützung der jeweils neuesten Kameramodelle ist über die Webseite von Adobe nach der Installation von Photoshop CS5 jederzeit möglich.

☐ LESEZEICHEN

http://www.adobe.com/products/photoshop/cameraraw.html
Camera Raw-Datei-Support: Hier finden Sie eine Liste aller von Camera Raw unterstützten Kameramodelle. Wichtig: Die Versionen ab Camera Raw 6.0 sind nicht kompatibel zu CS4.

Methoden, eine RAW-Datei zu öffnen

Zum Öffnen einer RAW-Datei in Camera Raw bieten sich drei Methoden an, abhängig vom Workflow, in dem Sie sich gerade befinden:
Methode 1: Öffnen Sie die RAW-Datei direkt in Photoshop mit *Datei/Öffnen*. Camera Raw startet danach automatisch.
Methode 2: Markieren Sie die zu bearbeitende RAW-Datei im Bedienfeld *Mini Bridge* und klicken Sie im Kontextmenü der rechten Maustaste auf den Eintrag *In Camera Raw öffnen*.
Methode 3: Öffnen Sie die Bridge, markieren Sie die zu bearbeitende RAW-Datei und wählen Sie im Kontextmenü der rechten Maustaste den Eintrag *In Camera Raw öffnen*.

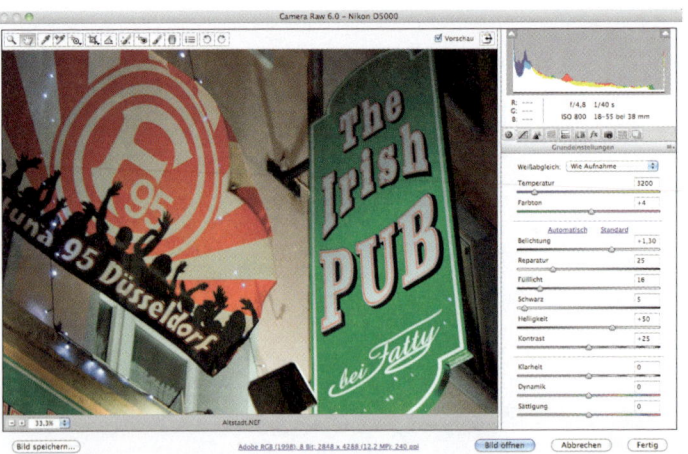

Camera Raw wartet mit einigen Detailverbesserungen auf.

Neue Funktionen in Camera Raw

Alles beim Alten? Nein, der erste Eindruck täuscht. Neu hinzugekommen ist ein *Effekte*-Bedienfeld mit den Funktionen *Körnung* und *Vignettierung nach Freistellen*. *Körnung* erzeugt eine ähnliche optische Wirkung wie das aus der analogen Fotografie bekannte Filmkorn. Für viele Fotografen ist das Filmkorn aus ästhetischer Sicht immer noch ansprechender als die eckigen Pixelstrukturen eines Digitalfotos.

Mit *Vignettierung nach Freistellen* sorgen Sie für diverse Bildrandeffekte. Verbessert wurde auch der *Schärfen*-Algorithmus und die *Rauschreduzierung*, zu finden im Bedienfeld *Details*. Insbesondere die Rauschreduzierung liefert bei RAW-Bildern mit hohen ISO-Werten hervorragende Ergebnisse, ohne dabei an Detailgenauigkeit zu verlieren.

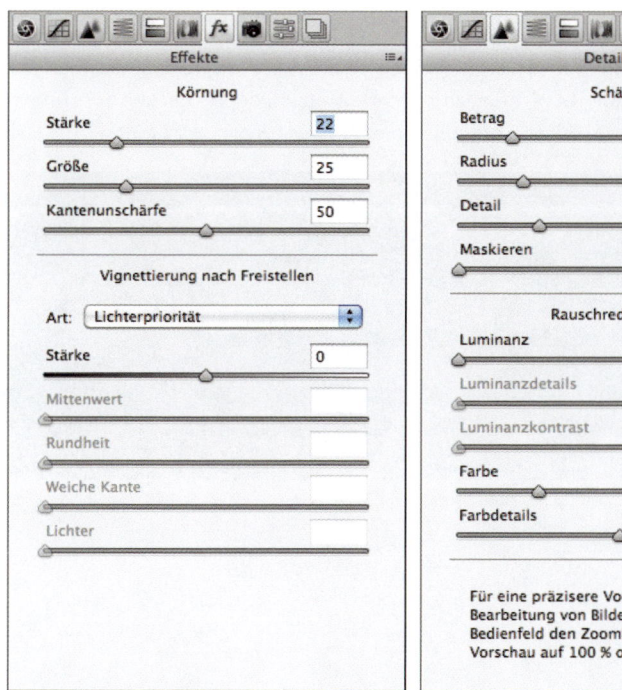
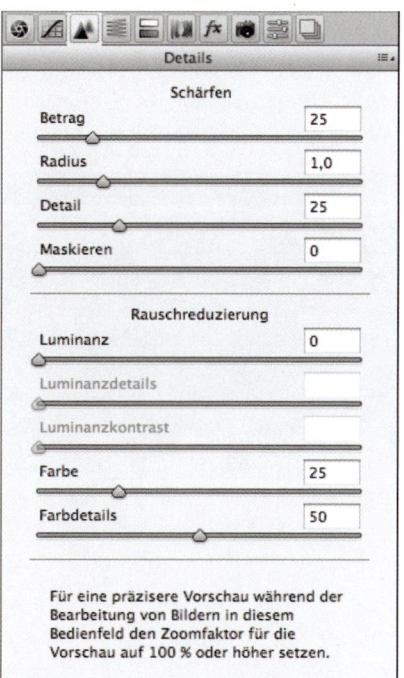

Neue *Effekte* und *Details*.

Auch RAW-Bilder können non-destruktiv bearbeitet werden. Non-destruktiv bedeutet, dass das Original bei der Bearbeitung nicht angetastet wird. Aktivieren Sie dazu in den *Arbeitsablauf-Optionen* die Option *In Photoshop als Smart-Objekte öff-*

nen. Die *Arbeitsablauf-Optionen* verstecken sich hinter dem Textlink *Adobe RGB (1998)...* am unteren Rand des *Camera Raw*-Fensters.

Einstellungen im Dialog **Arbeitsablauf-Optionen**.

Nach der Bestätigung mit *OK* erscheint wieder das *Camera Raw*-Fenster. Hier klicken Sie auf die Schaltfläche *Objekt öffnen*, und das RAW-Bild wird in Photoshop als Smart-Objekt geöffnet. Eine Smart-Objekt-Ebene erkennen Sie am Symbol *Smart-Objekt-Miniatur* am unteren rechten Rand des Ebenensymbols, hier der Ebene *Altstadt*. Um die RAW-Bearbeitung fortzusetzen, doppelklicken Sie einfach auf die Smart-Objekt-Miniatur, und das Camera Raw-Fenster erscheint wieder.

RAW-DATEN WEITERGEBEN ◄

Wollen Sie die Original-RAW-Daten weitergeben und verfügt der Empfänger nicht über die notwendige Software zu Ihrer Kamera, kann dieser die Bilder nicht öffnen. Hat er jedoch das Programm Photoshop, können Sie die Dateien im Adobe-eigenen DNG-Format speichern. Dabei werden alle Bildinformationen exakt so wie im RAW-Format beibehalten, und der Empfänger kann diese Bilder in seinem eigenen Photoshop-Programm öffnen.

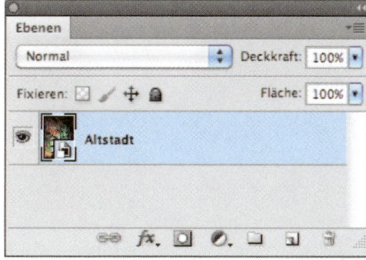

Bearbeiten einer RAW-Datei als non-destruktives Smart-Objekt.

Vom Weißabgleich bis zur Feinjustierung

Bei dieser Szeneaufnahme vom Schauspieler Andreas Potulski (Tatort, Stolberg) ist der Rote-Augen-Effekt nicht zu verhindern gewesen, da bei den digitalen Kompaktkameras bautechnisch Blitz und Objektiv eng beieinanderliegen. Ein Effekt dieser Art kann während der Aufnahme nur verhindert werden durch die Aktivierung eines Vorblitzes oder die Vergrößerung des Blitz-Auge-Objektivwinkels. Hier zeigen wir am Adobe Camera Raw-Workflow, wie Sie rote Augen wieder neutralisieren und andere technisch bedingte Eigenschaften korrigieren.

Vorher: Ein Standardproblem bei geblitzten Schnappschüssen sind die berühmt-berüchtigten „roten Augen", die durch Lichtreflexion bei geöffneter Iris entstehen.

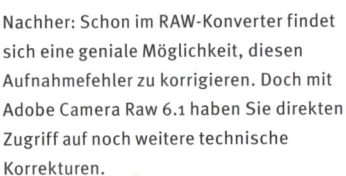

Nachher: Schon im RAW-Konverter findet sich eine geniale Möglichkeit, diesen Aufnahmefehler zu korrigieren. Doch mit Adobe Camera Raw 6.1 haben Sie direkten Zugriff auf noch weitere technische Korrekturen.

Presetfunktionen für den Weißabgleich

Nachdem Sie den Bildausschnitt bestimmt haben (wenn notwendig), versuchen Sie, die richtige Farbtemperatur zu bestimmen. Häufig tritt leider das Problem auf, dass der Weißabgleich zwar auf *Automatik* eingestellt ist, aber dennoch das Bild nicht wirklich zufriedenstellend geworden ist. Das kann geschehen, wenn die Kamera bei der Lichtmessung einen Fehler macht oder sich bei Mischlichtsituationen für den falschen Weißabgleich entscheidet. Nutzen Sie die Presetfunktionen der *Weißabgleich*-Pop-up-Liste. Sie bietet eine gute Ausgangsbasis für die optimierte Abstimmung.

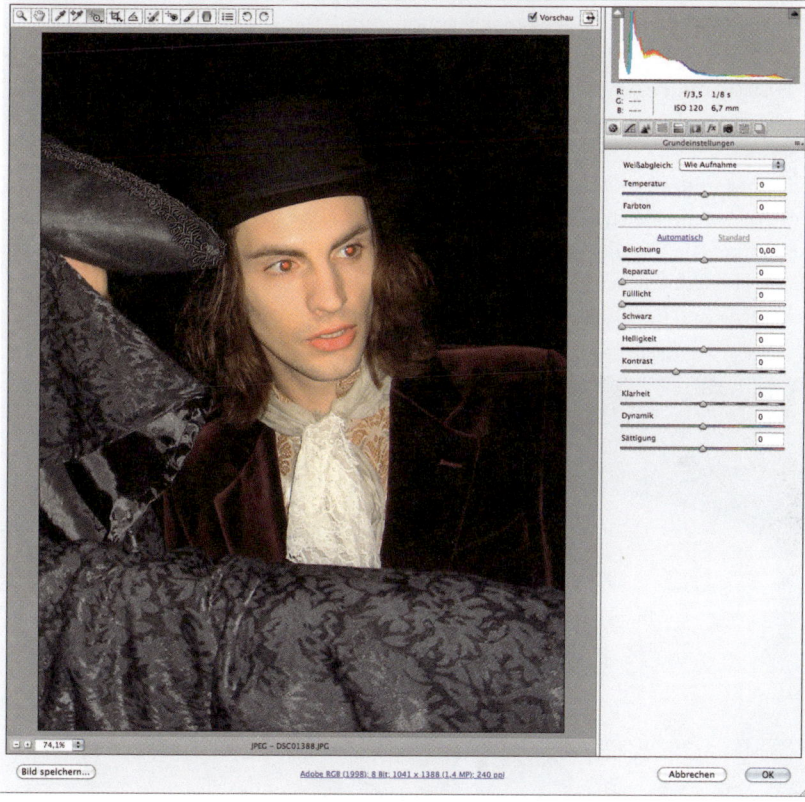

Die Belichtungseinstellung anpassen

Auch bei der Belichtungseinstellung kann man mit der *Auto*-Funktion nicht ganz danebenliegen. Durch das frontale Anblitzen sehen die Gesichter aber oft blass und konturlos aus. So sollten Sie in der Regel den Kontrast etwas erhöhen und die Helligkeit/Belichtung abstimmen.

! TIPP ◀

Einzelne Einstellungen lassen sich manuell mit einem Doppelklick auf den Regler auf
die neutrale Position zurückstellen. Mit gedrückter [Umschalt]-Taste und Doppelklick
wird der automatische Einstellwert wieder angefahren.

Rote Augen korrigieren

Zoomen Sie an den Augenbereich heran, mindestens mit einer Zoomstufe von
100 % oder besser noch mehr. Wählen Sie aus der Werkzeugleiste das *Rote-Augen-
Werkzeug* und ziehen Sie mit gedrückter Maustaste einen Rahmen um eines der Augen. Camera Raw scannt den Bereich nach Rot ab, passt das aufgezogene Kästchen
dem Bereich an und korrigiert das Rot nach Dunkelgrau. Wie dunkel die Augen-
pupille sein darf, sollten Sie mit dem unteren Regler bestimmen.

Führen Sie die gleiche Prozedur für das andere Auge durch. Vergleichen Sie dann
unbedingt die Pupillengröße. Natürlich sollten die Pupillen gleich sein. Passen Sie
die Rechteckform manuell an (Rahmen einfach mit der Maus anklicken und verschieben) und bestimmen Sie den Pupillendurchmesser mit dem oberen Regler.

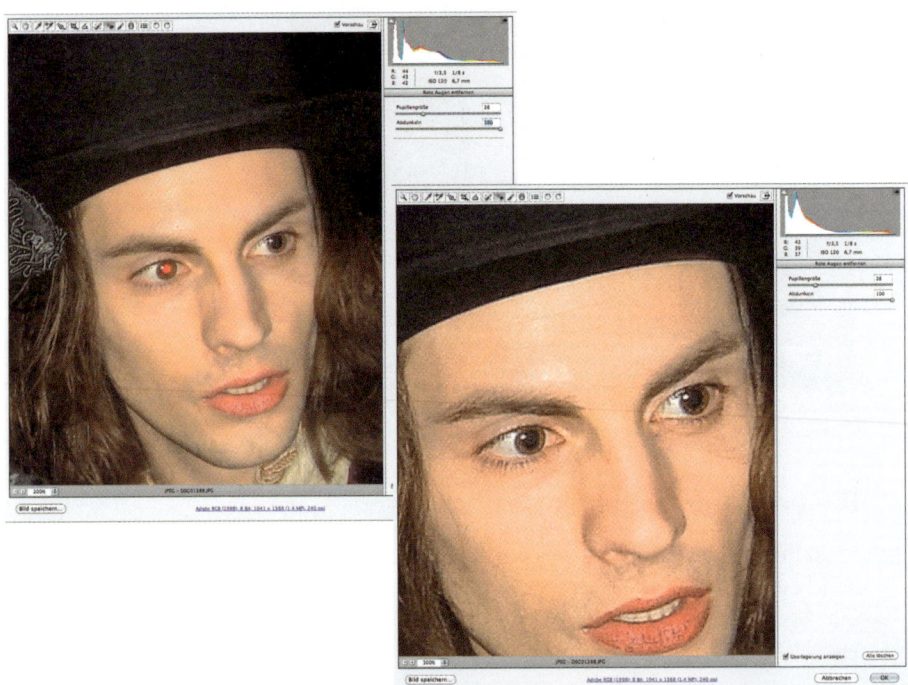

Herstellerspezifische Kameraprofile auswählen

Mit Camera Raw 6.1 wurde ebenfalls eine neue Prozessversion eingeführt, und Sie können auch mit Ihren älteren RAW-Daten davon profitieren. Wurden Ihre RAW-Dateien bereits mit der 2003er-Version interpretiert, können Sie einfach durch Anwählen von *2010* die Daten aktualisieren. Überprüfen Sie jedoch unbedingt die Einstellwerte, insbesondere die Scharfzeichnung.

Vielleicht fotografieren Sie auch mit einem Kameramodell, das mit individuellen Profilen von Adobe unterstützt wird. Diese herstellerspezifizierten Profile interpretieren Ihre Bilddaten wesentlich besser als die Adobe-Standardvoreinstellungen. Wählen Sie aus den Kameraprofilen das passende aus.

Objektivkorrekturen vornehmen

Richtig gute Objektive sind in der Regel teuer. Genau an dieser Stelle wird dann oft gespart und auf preisgünstige Zoomvarianten zurückgegriffen. Die Folgen sind kissen- oder tonnenförmige Verzerrungen. Motivkanten werden unscharf und mit einem farbigen Saum abgebildet, und an den Bildecken fällt das Licht ab. Die automatische Objektivkorrektur ist Bestandteil von Camera Raw 6.1 und kann damit direkt mit RAW-Aufnahmen verwendet werden.

Aktivieren Sie die Objektivprofilkorrektur. Camera Raw erkennt anhand der Metadaten, mit welchem Objektiv Sie fotografiert haben, und gleicht die Abbildungsfehler aus. Die Möglichkeiten sind endlos, und nicht immer findet die Automatik zum Ziel. Helfen Sie dabei, die Suche einzuschränken, indem Sie Herstellername und Modell manuell angeben. Ist Ihr Objektiv nicht aufgeführt, geben Sie ein ähnliches an. Die Korrekturen sind oftmals identisch und korrigieren die Abbildungsfehler besser als von Hand. Leider werden durch die Entzerrung die dabei entstandenen

Transparenzen an den Rändern automatisch zugeschnitten, und der Bildausschnitt verändert sich.

Neben der automatischen Objektivkorrektur bietet Adobes Raw-Konverter auch das manuelle Korrigieren von Objektivverzerrungen und Kameraverwinkelungen auf der zweiten Registerkarte an, und zwar wie im aus Photoshop bekannten *Objektivkorrektur*-Dialog.

Digitale Bilder mit filmähnlicher Körnung

Ein neues Körnungswerkzeug versieht Bilder mit einer filmähnlichen Körnung. Dieser Effekt verspricht ein natürlicheres Aussehen von digitalen Bildern. Der glatte Plastiklook wird damit unterdrückt, und wir empfinden das Bild als angenehmer, zum Teil sogar schärfer. Für eine Schwarz-Weiß-Interpretation Ihrer Bilddaten kann damit dem Bild ein natürlich aussehendes Filmkorn hinzugefügt werden. Dabei lassen sich Verteilung, Korngröße und Rauheit des künstlichen Filmkorns steuern. Im unteren *Effekte*-Block wurde unserem Beispielbild eine maximale Vignettierung als optischer Rahmen hinzugefügt.

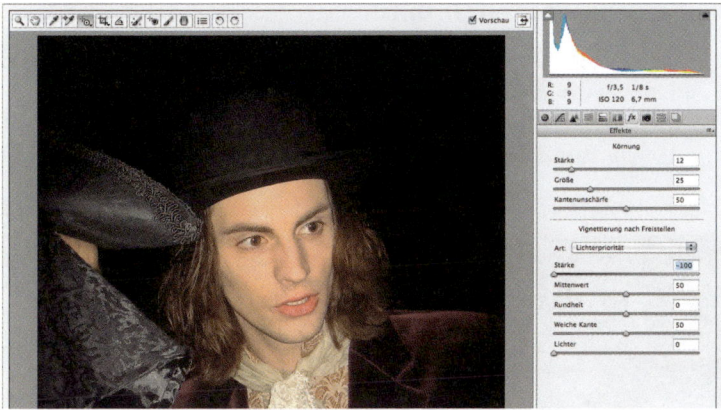

Rauschen entfernen und nachschärfen

Die wichtigsten geänderten Funktionen in Camera Raw ist der neue Schärfungs-
algorithmus und eine deutlich bessere Farb- und Luminanzrauschreduzierung.
Insbesondere die Rauschreduzierung ist ein deutlicher Gewinn, da sie einen guten
Kompromiss zwischen zu erhaltenden Details und der Entfernung von Rausch-
pixeln eingeht. Weiche Bildwiedergaben, typisch für unbearbeitete RAW-Aufnahmen, werden durch die neue Schärfung in eine detailscharfe Wiedergabe umgewandelt, ohne Schärfungsartefakte einzuführen. Ältere RAW-Dateien müssen in
ihren Werten deutlich nachgesteuert werden, da sie mit älteren Versionswerten
überschärft erscheinen.

Finale Feinjustierung durchführen

Gerade wenn Sie Ihren RAW-Daten einen Korneffekt hinzufügen, werden Sie einen Helligkeitszuwachs in den dunkleren Bildbereichen bemerken. Deshalb sollten Sie zum Schluss die Interpretationswerte im *Grundeinstellungen*-Bedienfeld und gegebenenfalls auch die Farben nachjustieren.

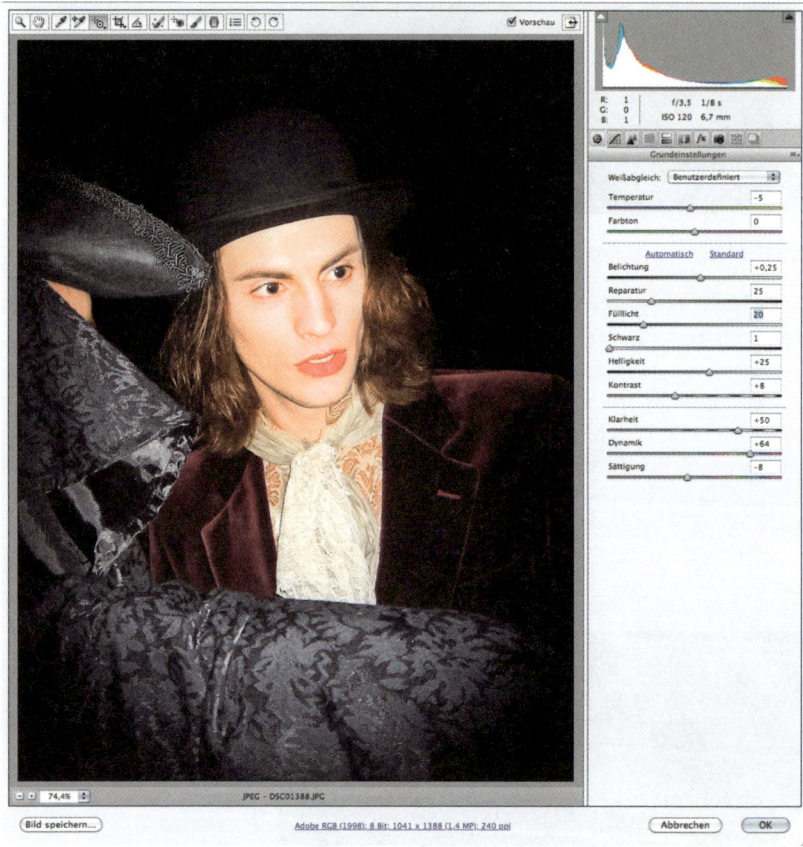

Objektivfehler einfach neutralisieren

Mit der überarbeiteten *Objektivkorrektur* verringern oder neutralisieren Sie durch Objektivfehler entstandene Farbsäume, die bei starker Vergrößerung an den Bildrändern sichtbar werden, außerdem chromatische Aberrationen sowie tonnen- und kissenförmige Verzerrungen. Diese Art von Abbildungsfehler tritt besonders bei preisgünstigeren Objektiven auf, die nicht auf diesen Fehler korrigiert wurden.

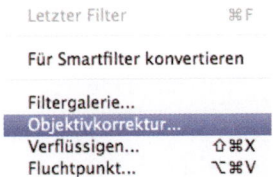

In Photoshop CS4 befand sich die *Objektivkorrektur* noch in der Gruppe der *Verzerrungsfilter*, steht aber jetzt in der Filterhierarchie von CS5 ganz oben.

Laden Sie das zu korrigierende Bild und wählen Sie im Menü *Filter* den Eintrag *Objektivkorrektur*. Übrigens, Objektivkorrekturen können auch auf Smart-Objekte angewendet werden. Links oben im Dialogfeld sehen Sie die Werkzeugleiste der Objektivkorrektur und im rechten Bereich die Register *Auto-Korrektur* und *Benutzerdefiniert*. Basis für eine automatische Objektivkorrektur ist ein vorhandenes Korrekturprofil.

Ein passendes Objektiv-Profil erstellen

Findet Photoshop kein Profil, erstellen Sie eines mithilfe der ausgelesenen EXIF-Daten *Kameramodell*, *Objektivmodell* und *Kameraeinstellungen*, die unten links im Dialogfenster angezeigt werden. Für die Erstellung Kamera-Objektiv-Profile finden Sie in den Adobe Labs ein kleines Tool, den „Adobe Lens Profile Creator". Vor der Erstellung eines neuen Profils lohnt auch ein Versuch über die *Online-Suche*, ein bereits passendes Kamera-Objektiv-Profil zu finden.

⊡ L E S E Z E I C H E N

http://labs.adobe.com/downloads/lensprofile_creator.html
Adobe Lens Profile Creator: Tool für die Erstellung von Kamera-Objektiv-Korrekturprofilen, die dann in Photoshop CS5, Camera Raw und Lightroom angewendet werden können.

Erst wenn ein Objektivprofil angegeben ist, können Korrekturen durchgeführt werden. Versuchen Sie zuerst, mit den automatischen Korrekturoptionen *Geometrische Verzerrung*, *Chromatische Aberration* und *Vignettierung* mögliche Objektivfehler zu beheben. Hilft das nicht weiter, führen Sie eine benutzerdefinierte Korrektur durch. Für präzise Bildkorrekturen schalten Sie über die Option *Raster einblenden* das Rastergitter ein.

Funktionsweise der Objektivkorrekturwerkzeuge	
Werkzeug	**Funktion**
	Mit dem *Verzerren-entfernen-Werkzeug* korrigieren Sie Verzerrungen, indem Sie den Mauszeiger zur Bildmitte hin- oder von der Bildmitte wegziehen.
	Mit dem *Gerade-ausrichten-Werkzeug* zeichnen Sie eine Linie, um das Bild an einer neuen vertikalen oder horizontalen Achse neu auszurichten.
	Mit dem *Raster-verschieben-Werkzeug* ziehen Sie das Rastergitter in die gewünschte Position. Mit einem Regler am unteren Rand des Anzeigefensters stellen Sie die Rasterweite ein.
	Mit dem *Hand-Werkzeug* verschieben Sie das Bild oder einen Bildausschnitt im Anzeigefenster.
	Mit dem *Zoomwerkzeug* vergrößern oder verkleinern Sie den Anzeigebereich im Fenster.

Wenn Sie unterwegs sind und Bauwerke fotografieren möchten, sollten Sie sich Zeit nehmen. Denn in den seltensten Fällen kommen gute Bilder dabei heraus, wenn man für ein Foto eines Gebäudes nur zwei Minuten einkalkuliert. Versuchen Sie, stürzende Linien und vermeintlich nach hinten kippende Gebäude, hervorgerufen durch einen niedrigen Kamerastandpunkt, zu vermeiden.

Fotografieren Sie mit Weitwinkel von unten, scheinen Gebäude auf den Bildern nach hinten zu kippen, weil die eigentlich parallelen Häuserkanten nach oben hin zusammenlaufen. Hier hilft nur, sich weiter vom Gebäude zu entfernen, mit längerer Brennweite zu arbeiten und eventuell den eigenen Standpunkt zu erhöhen. Oder Sie nehmen das nach hinten kippende Gebäude in Kauf und korrigieren den Fehler später am Computer mit der Photoshop-*Objektivkorrektur*.

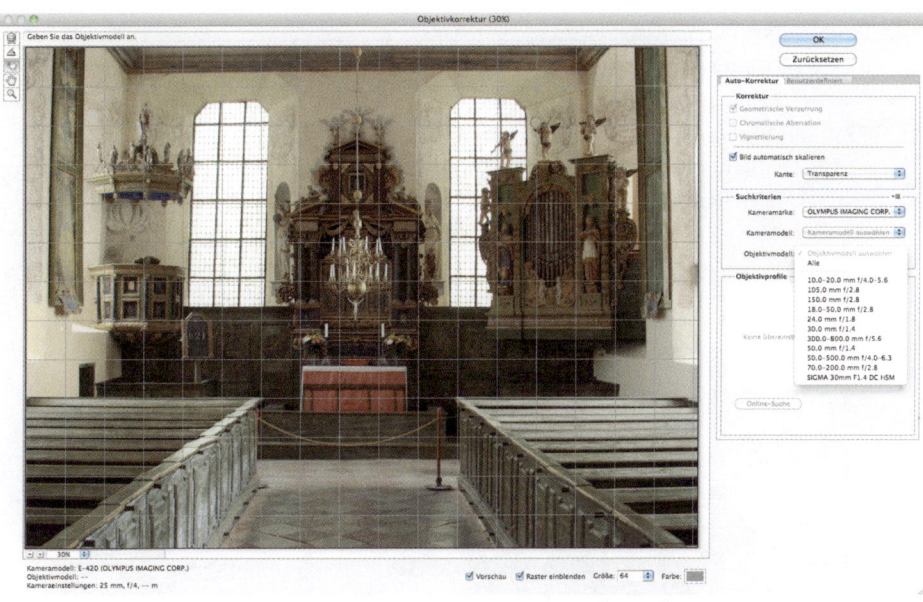

Bevor die *Auto-Korrektur* angewendet werden kann, muss ein passendes Profil angegeben werden.

Ein Schnappschuss des Big Ben am Houses of Parliament, eines der berühmtesten Wahrzeichnens Londons. Links der Glockenturm vor der Korrektur und rechts danach.

Mithilfe der *Objektivkorrektur* ist es ein Leichtes, perspektivisch verzerrte Gebäude wieder gerade zu rücken. Das Original hat zwar keine chromatischen Aberrationen, dennoch helfen die Regler zur Korrektur der *Farbränder* in Kombination mit der Funktion *Vignette* dabei, den Hintergrund nahezu perfekt freizustellen.

Vignette entfernt oder erzeugt, je nach Anpassung, helle oder dunkle Bildecken, die beispielsweise bei der Verwendung von Weitwinkelobjektiven entstehen können. Das Geraderücken des Gebäudes geschieht mit dem Regler *Vertikale Perspektive* im Bereich *Transformieren*. Einziger Nachteil: Durch die Transformation steht das Gebäude zwar gerade, aber auf Kosten einiger Pixel am oberen Bildrand.

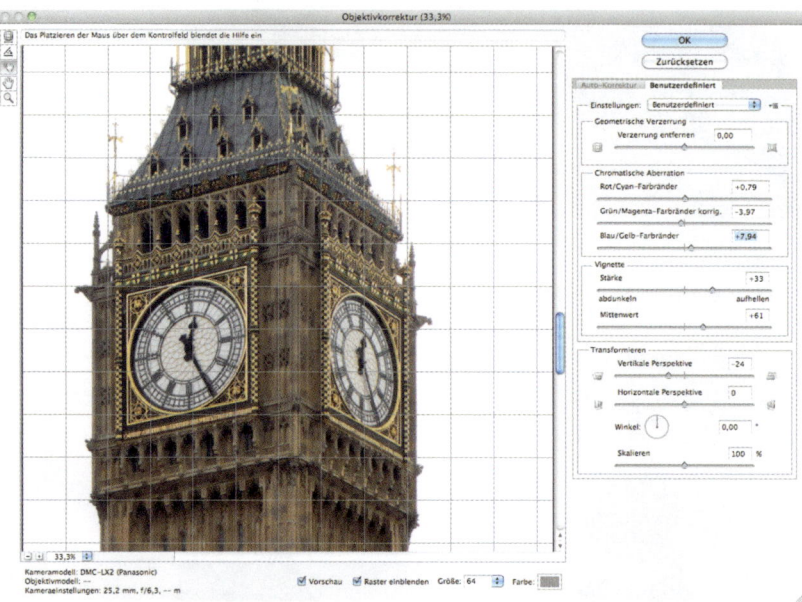

Schalten Sie die Option **Vorschau** ein, um die Auswirkungen der Einstellungen stets im Blick zu haben.

Kapitel 1
Guido Sonnenberg
Ulrich Dorn
Christian Haasz

Kapitel 2
A. Schmidt
Peter Hellwig
Christian Haasz
Lazi Akademie

Kapitel 3
Guido Sonnenberg
Ulrich Dorn
Christian Haasz

Kapitel 4
Linda Blatzek
Guido Sonnenberg

Kapitel 5
Ulrich Dorn
Guido Sonnenberg

Kapitel 6
Peter Schmid-Meil
Ulrich Dorn
Guido Sonnenberg